最新脳科学でついに出た結論

「本の読み方」で学力は決まる

川島隆太［監修］
松﨑 泰［著］
榊 浩平［著］

青春新書
INTELLIGENCE

はじめに

スマホやタブレットなどＩＴ機器の利用が生活習慣の中に深く根付く中、国民全体の活字離れが深刻になってきていることが指摘されています。皆さんは、そして皆さんのお子さんは「読書」の習慣を持ち続けていますか？

この本では、読書習慣と子ども達の発達に関して、かなりショッキングな「科学的事実」を皆さんに突きつけることになります。覚悟はよろしいですか？

読書習慣のない小中学生の多くは、家庭での学習や睡眠時間にかかわらず、試験の成績が平均点以下になっています。毎日1〜2時間も勉強して、ちゃんと睡眠をとっているにもかかわらず平均以下の成績しかとれません。それは脳の発達と関係があります。

ドキドキしてきた方は、ぜひ、本書を読み進めてください。そしてお子さん達と情報を共有してください。まだ間に合います。

毎日、家庭や通勤通学の空き時間に本を手に取ることができるか、これはまさに生活習慣の問題です。読書の習慣を子ども達に自然に持たせるための一番確かな方法は、幼少期の読み聞かせ体験です。

幼少期に家庭で読み聞かせを通じて本の楽しさを知り、やがて子ども達は学童期に入り自ら読書をする習慣を持つようになります。

読み聞かせが大事そうなことは分かってはいるけど、毎日の生活や仕事、子育てで忙しくて、ゆっくり読み聞かせをする時間がとれない、余裕がないという方々もたくさんいらっしゃることでしょう。でも、次のような「科学的事実」を知ったらどうでしょうか。

読み聞かせをすると、子ども達の脳は単に声を聞く反応を示すだけではなくて、感情や情動の脳が働く。読み聞かせをしている大人の脳は、単に本を読む反応を示すだけではな

くて、コミュニケーションの脳が働く。読み聞かせは親子の極めて良質なコミュニケーションとなり、子ども達の心が安定し、親への信頼と愛着が増し、その結果、親の子育てストレスがぐっと軽くなる。

忙しい毎日の生活の中に、多少無理をしてでも読み聞かせの時間を作ることで、かえって皆さんが楽になれます。子育てが楽しくなります。そして、読書の習慣を持つことができた子ども達は、学童期以降、自分達の学習の努力がちゃんと試験の成績に反映されるようになります。

逆に、スマホやタブレットにだけ子育てを任せていると、時間的には楽になったように思える代わりに、読み聞かせをする子育てと比べて、親子の関係はうすっぺらなものになり、子育てストレスも増えます。そして本の楽しさを知らずに育った子ども達は、自分の学習の努力が試験の成績に反映されない悲しい事実に直面することになります。

この本で取り上げている主なデータは、仙台市教育委員会、山形県長井市との共同プロジェクトによるものと、私の研究室で行ってきた脳科学研究データで、全て統計的な根拠に基づく科学的なものです。深刻な「事実」を知ってしまった科学者の務めとして、一人でも多くの皆さんにお知らせし、一人でも多くの子ども達に幸せになってもらいたくて、上梓《じょうし》することを決意しました。

「事実」は何かを、ご自身の目で確かめてください。そして、この本を読んだことが、明日からどうするのかを家族で話し合うきっかけになれば幸いです。

平成30年9月

東北大学加齢医学研究所　教授　**川島隆太**

最新脳科学でついに出た結論
「本の読み方」で学力は決まる　目次

第1章
最新脳解析が実証!
読書が学力を左右していた衝撃の事実
――なぜ、勉強しているのに平均以下の成績なのか

第2章 スマホやゲーム、睡眠、本の読み方…読書の効果を上げる習慣、下げる習慣

——脳を一番効率よく使う「一日の使い方」とは

第3章

本を読まないと脳がダメになる!?

——脳の働きだけでなく、脳神経回路まで変わる驚き

第4章 「読み聞かせ」が子どもと大人の脳を鍛える

――将来の学力だけじゃない！ 脳に与える驚くべき効果

第5章 親子関係を変える「読み聞かせ」力
——スマホ育児より絵本タイムが子育てをラクにする

本文DTP センターメディア

第1章

最新脳解析が実証！
読書が学力を左右していた衝撃の事実

――なぜ、勉強しているのに平均以下の成績なのか

「本を読む子は頭がいいのか」を科学的に検証する

若者の「読書離れ」が叫ばれる昨今、本を読む子ども達の姿を見ることは少なくなりました。子ども達の手には常にスマートフォン（以下スマホ）が大切そうに握られ、暇を見つけてはSNSやゲームに興じています。

皆さんも何となく「読書をする子は頭がいい」というイメージを持っているかもしれません。実際、子どもの頃に親や先生から「読書をしなさい」と言われながら育った方も多いでしょう。

一方で、本書を手に取っていただいた皆さんは「本当に読書する子は頭がいいのだろうか？」という素朴な疑問を抱いていたのではないでしょうか。

本書では、私たち東北大学加齢医学研究所の研究チームが解明した研究成果を中心に、国内外の最先端の脳科学研究から導き出された「科学的根拠」に基づいて、読書と学力の関係をひもといていきます。

小中学生4万人の解析データが実証した「学力と読書の関係」

私たちの研究チームは、仙台市教育委員会が毎年度4月に実施している「標準学力調査」に合わせて、子ども達の生活習慣、学習意欲、学習習慣、家族とのコミュニケーションなどを多角的な視点から問う大規模アンケート調査を実施しております。この調査は仙台市内の公立小学校、中学校に通う全児童、生徒を対象として、平成22年度から毎年約7万人のデータを収集してきました。

このような数万人規模の実態調査から導き出される結果は誤差が小さく、統計的に非常に信頼性が高い結果として科学的に評価されます。

本書では、私たち脳科学者が膨大な数のデータを独自の目線で分析した結果を、一般の方にも分かりやすく伝わるように心掛けながら丹精込めてグラフとして表現してみました。もしよろしければ、皆さんも研究者になったつもりで、本文の解説を読む前にまずはグラフだけを見て「このデータから何が読み取れるのか」を自分なりに考えてみてください。「科学の声」にじっくりと耳を澄ませることで、皆さんの脳も本書の「読書」を通して一緒に活性化していきましょう。

それではさっそく、仙台市の調査結果を見ながら一緒にデータを読み取っていきましょう。

図1－1をご覧ください。このグラフは、平成29年度の小学校5年生から中学校3年生までの子ども達約4万人の「平日の一日あたりの読書時間（雑誌・漫画などを除く）」と「4教科（国語・算数／数学・理科・社会）の平均偏差値」を表しています。

まず、読書を「全くしない」子ども達①の成績が最も低いことが分かります。

そこから、「1～2時間」読書をする子ども達②に至るまで、**読書時間が長くなるほど成績が高くなっている**ことが読み取れます。

偏差値というのは、ちょうど真ん中の成績が50となるように定義されています。つまり、単純に考えると偏差値50以上が「成績上位層」、50以下が「成績下位層」ととらえることができます。

その観点からもう一度グラフを見てみると、読書を「全くしない」子ども達と読書時間「10分未満」の子ども達は成績下位層に含まれていることが分かります。つまり、**成績上**

図1-1　読書時間と成績の関係

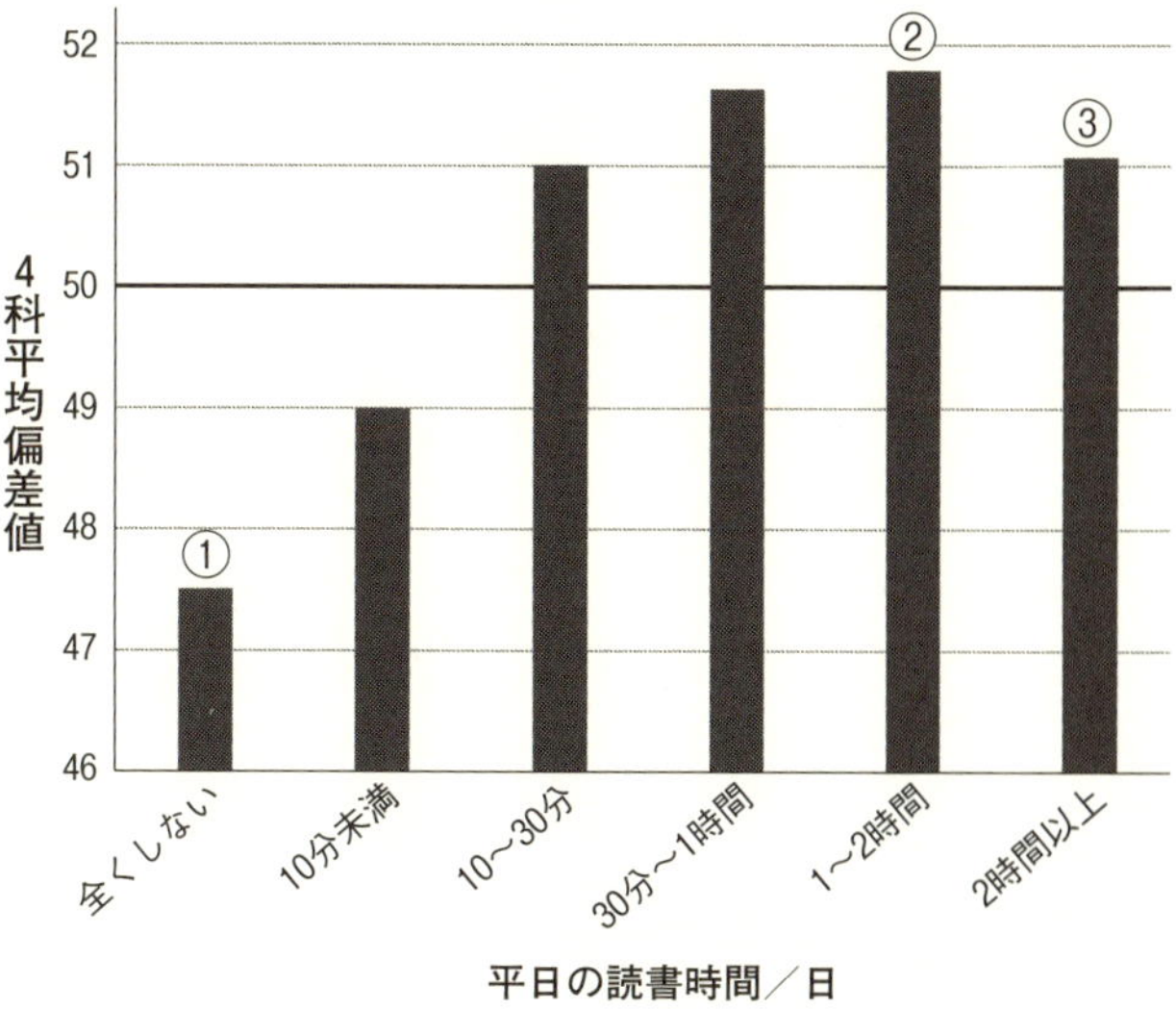

位層に行くためには少なくとも1日10分以上の読書が必要だと言えるのです。

さらにこのグラフからもう一つ面白い結果が読み取れます。「2時間以上」読書をする子ども達③は「1〜2時間」読書をする子ども達②よりも成績が落ち込んでいるように見えますよね。

当初、私たち研究者は、「読書はすればするほど学力によい影響を与えるはずだ！」と予想していました。しかし、このグラフはその仮説を覆す結果を示しており、私たちにとっても意外で興味深い結果となりました。

長時間の読書で成績低下。なぜか

なぜ「2時間以上」読書をする子ども達の成績が落ち込んでいるように見えるのでしょうか？

私たちは読書の時間と引き換えに、その他の活動時間が削られているのではないかと考えました。

読書時間を確保するということは、成績へよい影響があることが知られる、勉強や睡眠など別の活動時間を間接的に奪ってしまうということにつながる恐れが生じます。そうすると、読書が学力に与えるよい影響と、別の活動時間が削られるといった間接的な悪い影響を足し合わせた結果、悪影響が勝ち残ってしまう可能性があると考えられるからです。

この仮説を検証するために、今度は勉強時間と睡眠時間をきちんと確保している子ども達だけに絞って、読書時間と成績の関係を検証してみました。

具体的には、平日の勉強時間を「30分未満・30分〜2時間・2時間以上」の3層に、睡眠時間を「6時間未満・6〜8時間・8時間以上」の3層にそれぞれ分割し、勉強時間が

図1-2　読書時間と成績の関係（勉強・睡眠時間中間層）

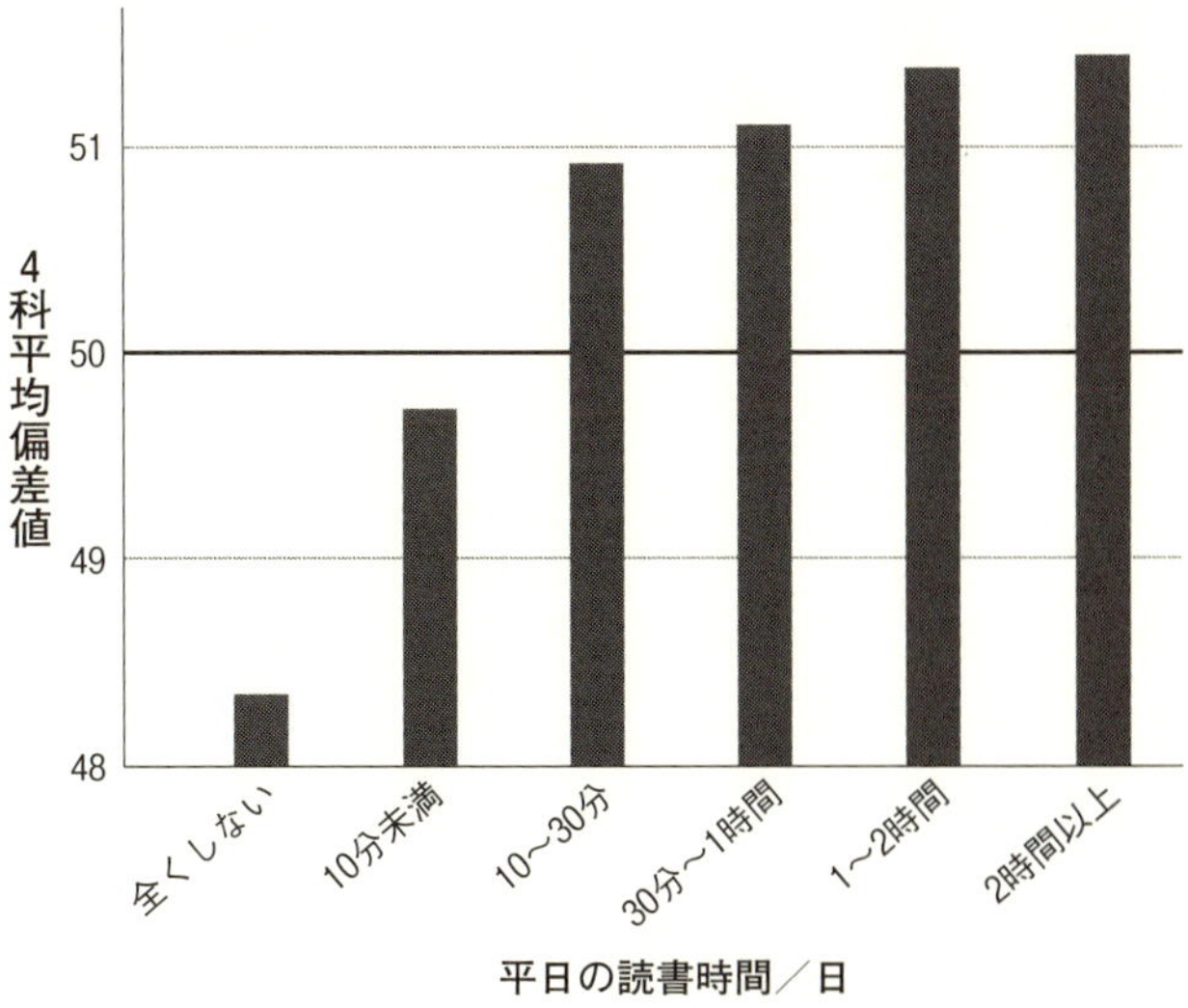

「30分〜2時間」かつ睡眠時間が「6〜8時間」の中間層の子ども達のみを抜き出して分析してみました。

その結果、今度は図1－2のように読書「1〜2時間」の山がなくなり、読書を長時間している子どもほど成績が高いという「単調増加の関係」が表れてきました。

この結果から、**読書をしすぎること自体が何か脳に悪い影響を及ぼしているわけではなく、読書時間を確保するために勉強や睡眠の時間を削ってしまうことが間接的に成績低下につながっている**という可能性が示唆されました。

小学生と中学生、読書効果が高いのはどっち？

読書のしすぎが間接的に成績低下につながるということは、言い換えると一日の読書時間には最適な時間が存在すると言えます。

もしも最適な時間があるとするならば、それは小学生と中学生で異なるのでしょうか。この疑問に答えるため、図1－1のグラフを小学生と中学生に分けて書いたグラフが図1－3です。

グラフの山を見てみると、小学生、中学生共に最も高い成績を上げているのは、図1－1と同様、一日「1〜2時間」読書をする子ども達でした。

しかし、小学生と中学生のグラフの形をよ〜く見比べてみてください。中学生の方が、小学生よりも、読書「2時間以上」の子ども達の成績の落ち込みが大きいように見えませんか？

なぜ、このような発達による違いが生じるのでしょうか？

理由は2つ考えられます。

図1-3　読書時間と成績の関係（小・中学生別）

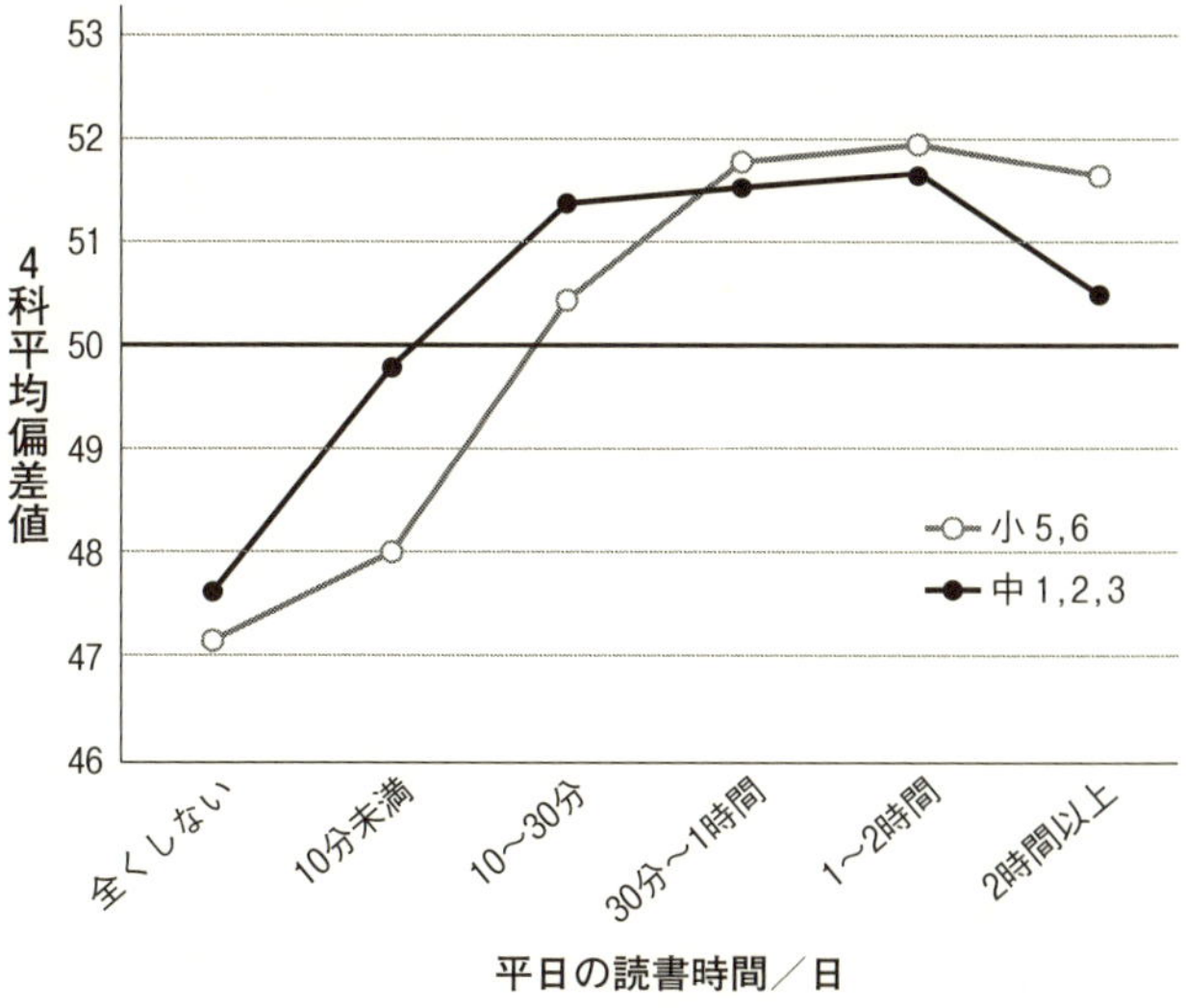

①若い年齢ほど読書の効果が大きい

ヒトは高度に進化した脳を収容する大きな頭を持つため、他の動物に比べ未熟な状態で生まれます。そして生後間もなく、身体も脳も急激な発達を遂げます。

なかでも**言語機能の発達のピークは8〜10歳**と言われています。つまり、読書を通して得られる言語機能の発達という側面から見た効果は、中学生よりも小学生の方が大きいと考えられるのです。

②学年が上がるにつれて忙しくなる

学年が上がると、単純に授業のコマ数や科目数も増えますし、学習する量も増え、難易度も上がってきます。さらに中学生になると、本格的に部活動に打ち込んだり、学習塾や習い事に取り組んだりする子ども達も増えてきます。このように学年が上がるほど、子ども達が自由に使える時間が少なくなります。

つまり、読書時間を確保するために勉強や睡眠など別の活動時間が削られてしまう可能性が高くなります。そうすると、読書が学力に与えるよい影響が、別の活動時間が削られる間接的な悪い影響に押されて負けてしまう可能性も必然的に高まってしまうと言えます。

どんなに勉強しても読書習慣がないと平均以下の成績に！

「読書をたくさんする子どもは、勉強もたくさんしているから成績がいいだけじゃないの？」

こんな疑問が思い浮かぶかもしれません。そこで、同じくらい勉強をしている子ども達を集めてきて読書時間と成績の関係を再度確かめてみました。

図1－4をご覧ください。このグラフでは、中学生を平日の勉強時間別に3つのグルー

プ（「30分未満」「30分〜2時間」「2時間以上」）に分けて3本の線で表現しています。

まず、勉強時間が長い子どもほど成績が高いことが当然ながら予想されます。実際に結果を見てみると、読書時間にかかわらず、「2時間以上」勉強している子ども達を表す線が一番上にあり、最も成績が高いことが分かります。同様に、「30分未満」しか勉強していない子ども達の線が一番下にきており、最も成績が低いことが分かります。

続いて、3本の線の形に注目してください。

勉強時間が「30分未満」「30分〜2時間」の2群については、図1－3の中学生のグラフと同様の形状をしており、読書時間「1〜2時間」の子ども達の成績が最も高いことが分かります。

この結果から、少なくとも勉強時間が2時間未満であれば、**勉強時間にかかわらず読書をたくさんする子どもほど成績が高い**という関係があると言えます。

一方、勉強時間「2時間以上」の群を見てみると、読書時間「10〜30分」の群の成績が最も高く、30分以上は読書をすればするほど成績が低いように読み取れます。

なぜ、「2時間以上」たくさん勉強する子ども達に限って、このような読書の悪い影響が表れてしまうのでしょうか。

ここでも、先ほどと同様の理由が考えられます。

どれだけ勉強をしようと、どれだけ読書をしようと、一日はみな平等に24時間与えられます。つまり、長時間の勉強と読書を両立して実現するために例えば睡眠時間を削っている可能性が考えられます。どんなに成績によい影響があると考えられる読書でも、夜更かしをして眠い目をこすりながらしていては悪い影響が勝ってしまうことは言うまでもありませんよね。

このグラフをもう少し別の角度から見てみましょう。

「勉強2時間以上・読書全くしない」群の子ども達①の平均偏差値は50・4です。つまり、**どんなに勉強を頑張っても、読書をしないとほぼ平均点までしか届かない**という見方もできます。

一方、「勉強2時間以上・読書10～30分」群の子ども達②の平均偏差値は53・6です。つまり、**勉強に加えて1日たった30分の読書を取り入れるだけで、偏差値が約3もアップする**可能性があります。

一日30分であれば、例えば学校の昼休み、家で夕食ができ上がるのを待っている時間、食後の休憩時間などに10分ずつでも本を読めばすぐに達成できる簡単な目標ですよね。

図1-4　読書時間と成績の関係（勉強時間別）

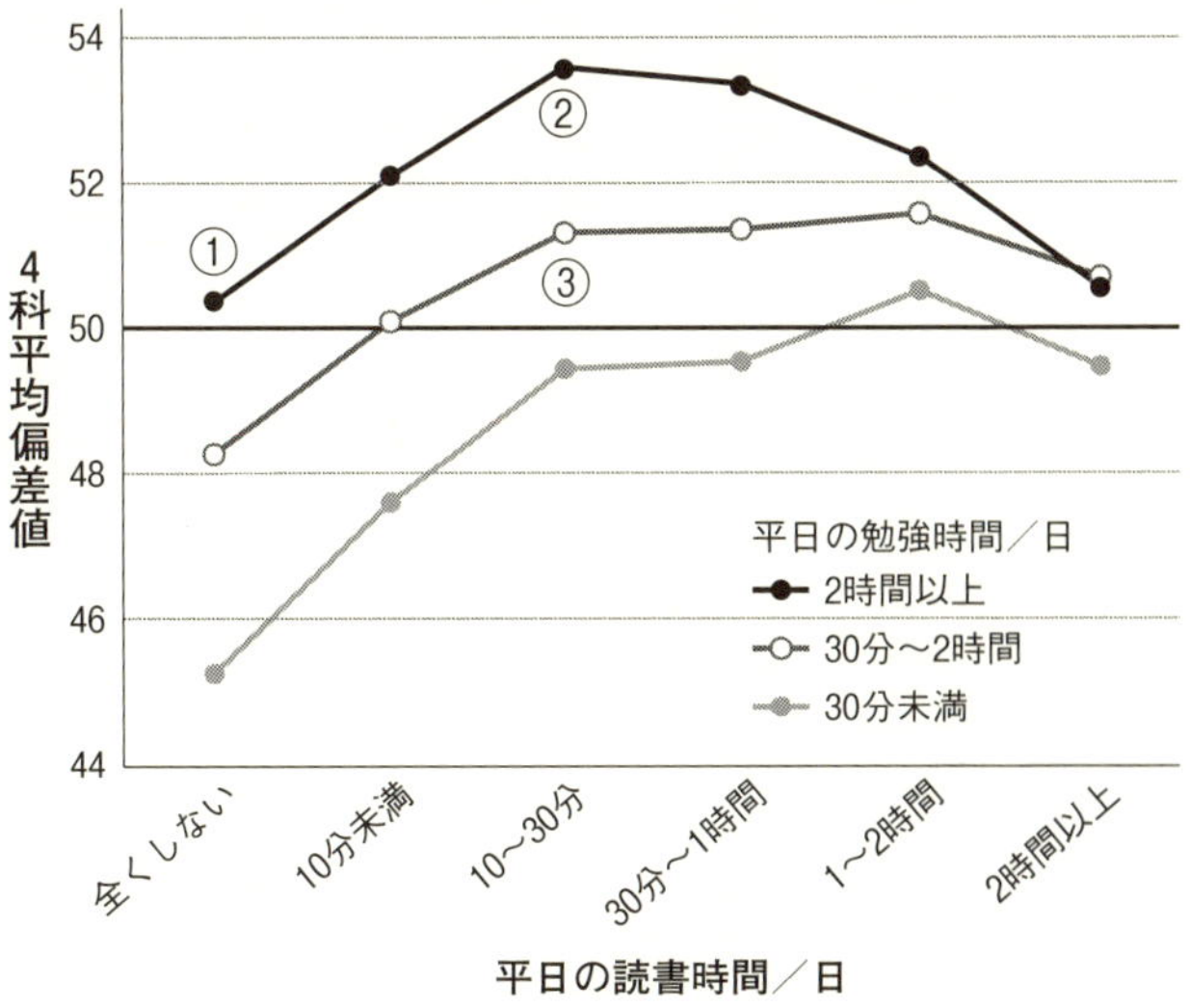

また、「勉強30分～2時間・読書10～30分」群の子ども達③の平均偏差値は51・3です。これは、「勉強2時間・読書全くしない」群の子ども達①の平均偏差値を超えています。

一日2時間以上も勉強している子が、それ以下しか勉強していない子より成績が悪いという結果になっています。

例えば、平日は部活動や習い事に一生懸命取り組んでいて時間が取れない子ども達は、勉強と読書をそれぞれ毎日30分だけでもする習慣をつけるといいでしょう。

読書と勉強を合計1時間頑張るだけでも、最低限、平均点の偏差値50以上の成績を収められる可能性が出てくると言えるからです。

さらに言えば、このグラフを横にスライドさせて見ていくと、「勉強2時間・読書全くしない」の平均偏差値は、「勉強30分未満・読書1〜2時間」とほぼ同じ。**たとえ2時間以上勉強しても、ほとんど勉強しないが読書はする子ども達と同じ成績になってしまうのです。**

ここだけを取り上げれば、**読書は最大で2時間の学習効果があるとも言えます。**読書習慣がいかに学力に強い影響を与えるかが読み取れるでしょう。

読書は算数・数学の成績には結びつかない？

ここまでのデータでは、成績を「4教科（国語・算数／数学・理科・社会）の平均偏差値」として読書との関係を検討してきました。

一般的なイメージでは、読書の効果は国語に強く表れ、算数／数学にはあまり大きな影響を及ぼさないと予想できます。

図1-5　読書時間と成績の関係（科目別）

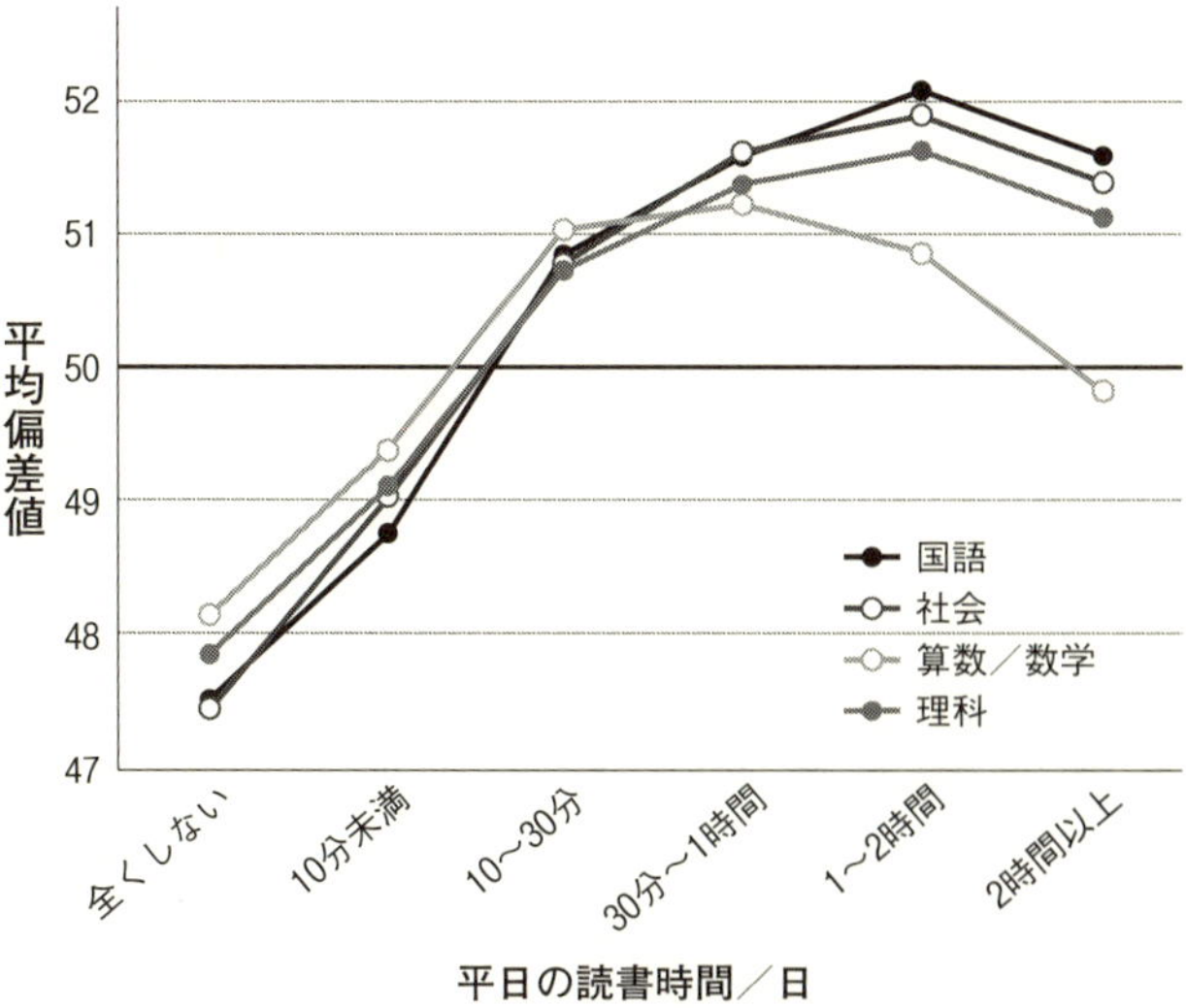

そこで、科目別に偏差値を算出して読書時間との関係を表したグラフが図1－5です。

国語、社会、理科については、図1－1のグラフと同様に読書「1〜2時間」の子ども達の成績が一番高いグラフの形状をしています。なかでも、国語のグラフの傾きが最も急であり、また読書2時間以上の成績の落ち込みも最も小さいことが見て取れます。

この結果から、予想通り国語について読書時間と成績の関係（この場合は正の相関関係と言います）が最も強いことが分かりました。

一方、算数／数学では、読書「30分〜

1時間」の子ども達の成績が最も高く、読書1時間以上では読書時間が長いほど成績が低くなっています。この結果から、予想通り算数/数学において読書と成績の関係は最も小さいことが分かりました。

この理由は2つ考えられます。

一つは、読書が算数/数学の成績に与える影響自体が小さく、結果的に読書時間の確保による「勉強・睡眠時間の削られ効果」が大きく出てしまっている可能性があります。もう一つは、読書時間の長い子どもは本が好き、すなわち文系科目が得意な子が多く、逆に算数/数学が苦手だという、子ども自体の性質の違いが影響している可能性も考えられます。

確かに算数/数学において読書の成績に与える影響は他の科目に比べて小さいと言えるでしょう。

しかし、読解力が必要な算数/数学の「文章題」はどうでしょうか。「計算は得意だけど文章題が苦手なんだよね……」という子ども達の声をよく聞きます。そこで、算数/数学の成績を、計算問題などを中心とした「基礎問題」と、文章題などの記述式問題を含む

図1-6　読書時間と成績の関係（数学の基礎・応用別）

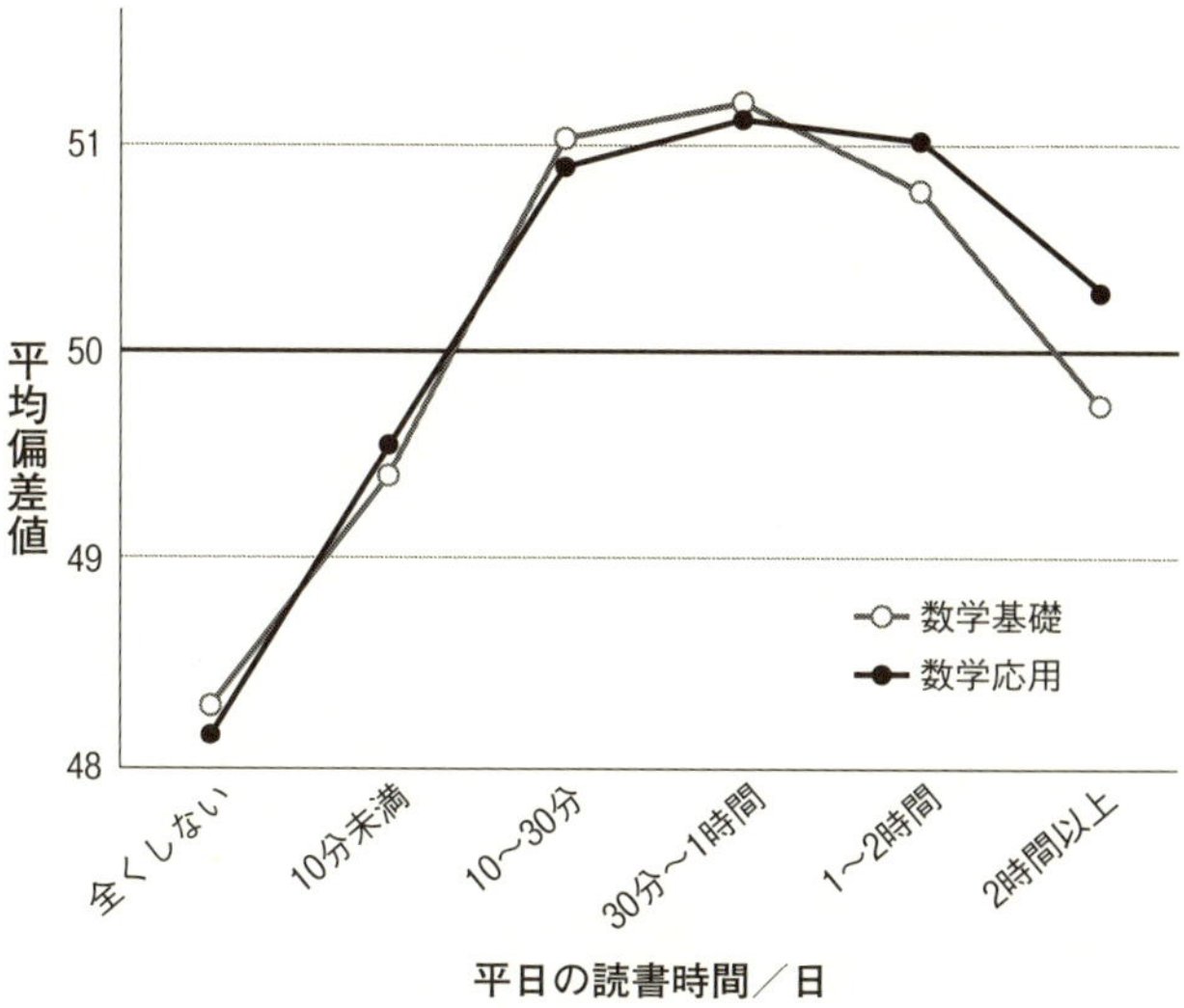

「応用問題」に分けて読書との関係を調べてみました（図1－6）。

基礎、応用共に、読書「30分〜1時間」の子ども達の成績が最も高い山型のグラフになっている一方、読書1時間以上の成績の落ち込みを比較してみると、基礎問題よりも応用問題で落ち込みが小さいことが読み取れます。

つまり、**読解力が必要な算数／数学の応用問題の成績アップには、やはり読書が有効である**と言えるでしょう。

「読書離れ」はいつから起こるのか

冒頭で述べた通り、昨今、若者の「読書離れ」が各メディアで取り沙汰《ざた》されています。でも、本当に子ども達は本を読まなくなってきているのでしょうか？

私たちは「読書離れ」の実態を確かめるために、仙台市の調査における平成25年度から29年度まで過去5年間の子ども達の読書習慣についてのデータを遡って見返してみました。平日の読書時間を問う質問項目で、読書を「全くしない」と回答した子ども達を「読書習慣のない子ども」と定義しました。その「読書習慣のない子ども」の割合を小学生（小5、6）、中学生（中1～3）別にプロットしたのが図1－7のグラフです。

小学生に関しては、過去5年間で読書習慣のない子どもの割合は約20％で変わらず横ばいに推移しています。

一方、中学生のグラフを見てみると、読書習慣のない子どもの割合は25年度から毎年ぐんぐん上昇していることが分かります。幸い28年度でやや頭打ちになっているような雰囲気も感じられますが、引き続き注意深く観測して行く必要があると言えるでしょう。

図1-7　読書習慣のない子どもの割合の推移

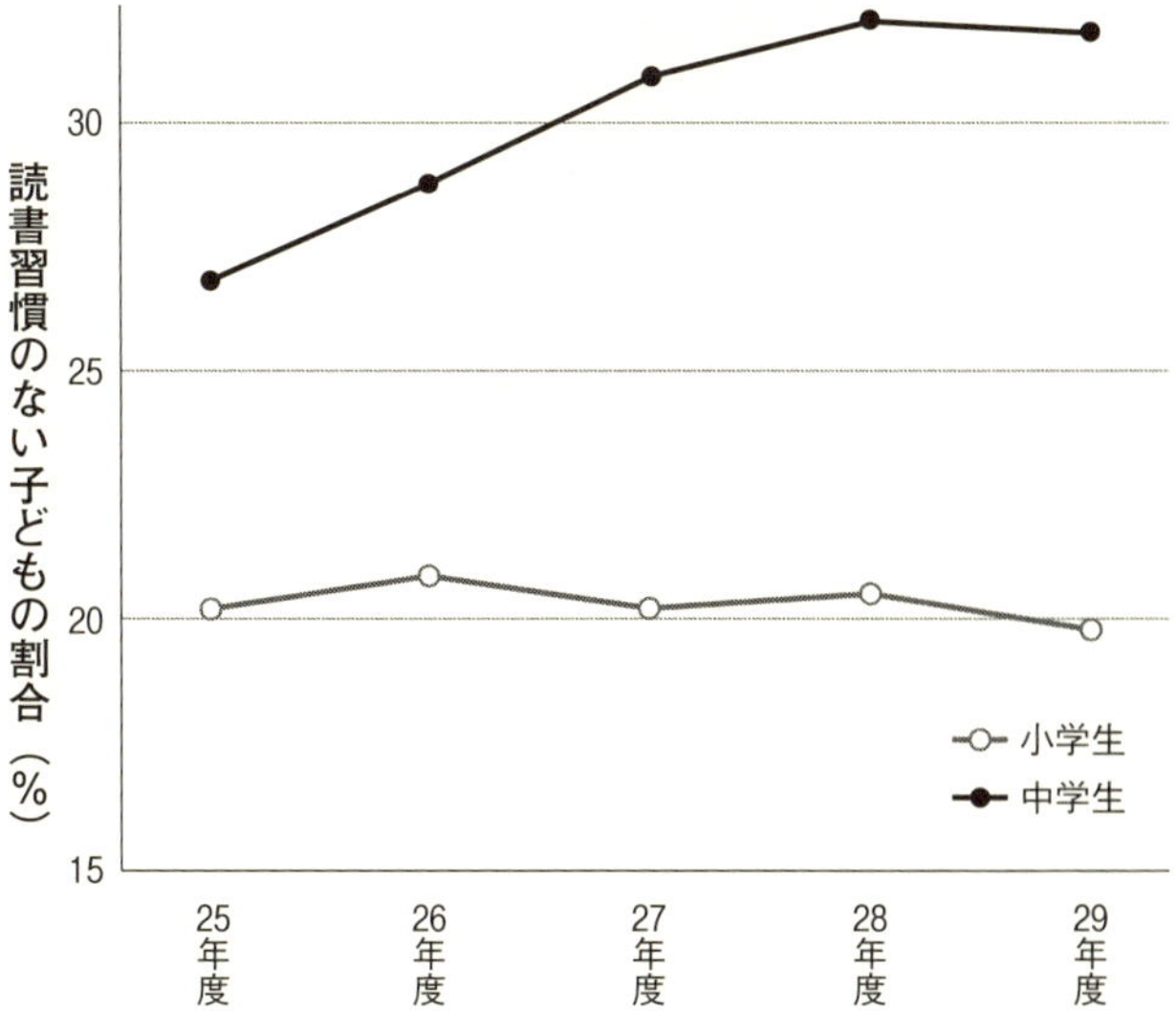

以上の仙台市の実態調査からも、若者の「読書離れ」は中学生において実際に起こっている現象として顕著に見て取れることが分かりました。

また、このグラフからもう一つの事実を読み取られた人もいるでしょう。どの年度を見ても、小学生よりも中学生の方が読書習慣のない子どもの割合が高いことが分かります。つまり、学年が上がるにつれて読書習慣が失われていっている可能性があるのです。

そこで、「読書離れ」の実態をより詳細にとらえるために、同一年度内における読書習慣のない子どもの割合を学年ごとに見てみました。29年度の小学5年生～中学3年生について学年ごとに読書習慣のない子どもの割合をグラフにしたのが図1－8です。

やはり危惧していた通り、読書習慣のない子どもの割合は小5で最も低く18・7％で、そこから学年が上がるにつれて徐々に上昇し、中3においては実に38・5％の子ども達が全く本を読まないという衝撃の結果が浮き彫りになりました。

また、グラフの形状をより詳細に見てみると、中1と中2の差が最も大きく、1年間で約10％近くの子ども達が「読書離れ」してしまっていることが分かります。

この仙台市の実態調査は毎年春に実施していますから、中1のデータはほぼ小6時代の習慣についての回答と見なすことができます。つまり、多くの子ども達は**小学校から中学校に進学したところで読書をやめてしまっている**と考えられるのです。

続いて、少し視点を変えて、「読書離れ」と反対に読書を始める子ども達がどの程度いるのかを、僅かな希望を抱くためにも確かめてみました。

平成26年度の時点で読書習慣のなかった小学5年生～中学2年生を1年間追跡し、27年度の時点で読書習慣がついた子どもの割合を学年ごとに算出したのが図1－9です。

図1-8　読書習慣のない子どもの割合（学年別）

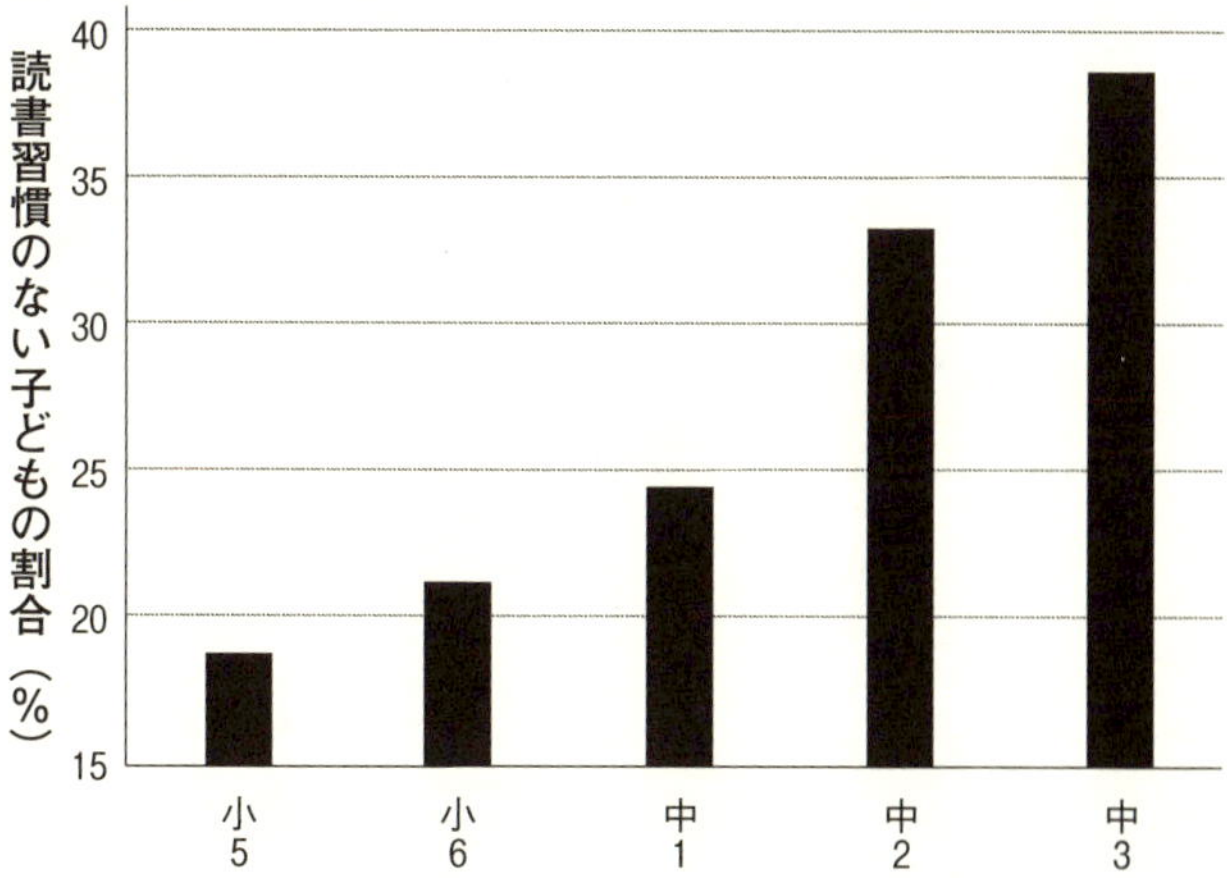

図1-9　1年後に読書習慣がついた子どもの割合（学年別）

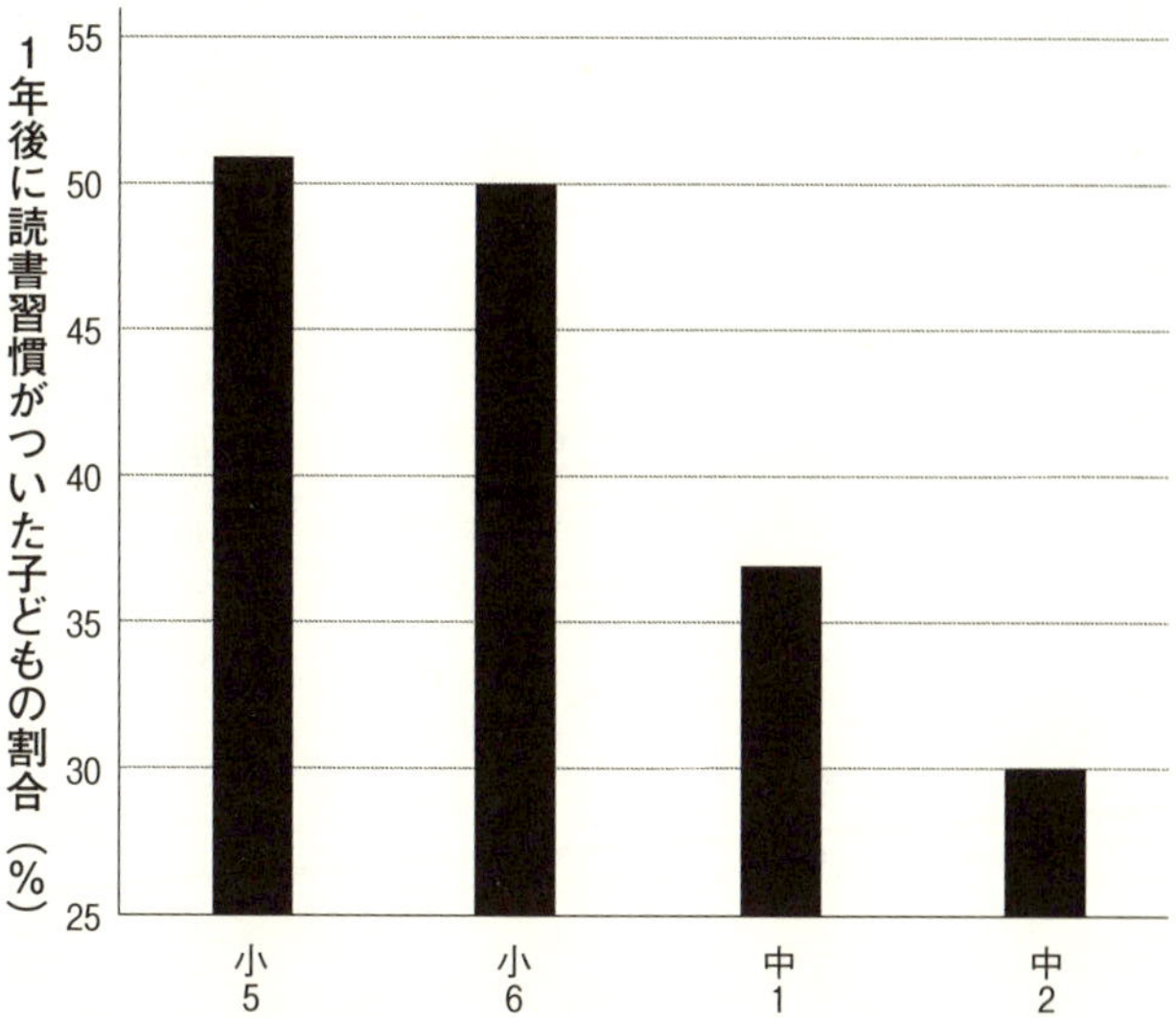

読書習慣のない小5・小6のうち約50%の子ども達は1年後に読書習慣がついていることが分かります。

もちろん、読書習慣がなくなる子ども達の数の方が新たに読書を始める子ども達の数よりも多いため、差し引きすると学年が上がるにつれて読書習慣のない子どもの割合は増加していきます。

一方、中1、中2と学年が上がるにつれて、新たに読書を始める子どもの割合は急激に減少し、中2から読書を始める子どもの割合は30・0%まで落ち込んできます。

この結果から、学年が上がるにつれての「読書離れ」には、「本を読まなくなる子どもの増加」に加えて、「新たに本を読み始める子どもの減少」も寄与していることが判明しました。

やはり中学校に進学すると勉強や部活動などが忙しくなり、読書をする時間を確保することが難しくなるのでしょう。

しかし、前述のように、読書を全くしない子どもに比べて、一日30分だけでも読書をしている子どもの方が明らかに成績が高いことが分かっています。

そのため、学校や家庭が子ども達に対してできる教育的な手立てとしては、第一にできるだけ早い段階で読書を習慣づけるような取り組みを積極的に実施すること。第二に、せっかく小学校までに身につけた読書習慣を、中学校に進学しても失わせないように指導していくことが肝要です。

加えて、可能であれば中学校に入った後でも、新たに読書を始める子どもを増やしていくための取り組みが有効であると言えます。

追跡データで実証！ やっぱり「スマホ」が読書離れの原因だった

近年、スマホの普及率は急速に上昇し、まさにスマホ一人一台の時代が到来しています。総務省の「通信利用動向調査」（平成29年）によるとスマホの普及率は55・7％にまで上り、特に20代、30代の普及率は9割を超えています。

子ども達に目を向けてみると、小学生（6～12歳）のスマホ普及率は28・7％、中高生（13～19歳）は75・5％となっており、子ども達の手元にも着実にスマホが行き渡りつつある現状が見えてきます。

昨今、この急速な「スマホ普及」と「読書離れ」を結びつけ、「スマホの普及が読書離れの原因である」という見解を示す主張に接することがあります。この主張は、本当に正しいのでしょうか？

実際に仙台市のデータを用いて検証してみましょう。

まずは、スマホ使用と読書習慣との関係を明らかにするために、スマホの使用時間別に平日の読書習慣がない子どもの割合を算出してみました。

図1－10をご覧ください。読書習慣がない子どもの割合は「スマホを持っていない」子ども達が19・2％で最も低く、次いでスマホを持っているが「全く使わない」子ども達、「1時間未満」使用する子ども達も約20％となっていることが分かります。

スマホ使用が1時間を超えてくると、使用時間が長くなればなるほど、読書習慣のない子どもの割合も高くなっていく様子が顕著に見て取れます。

このように、**スマホの使用時間が長いほど、読書習慣のない子どもの割合が高いという関係**があることが明らかとなりました。

図1-10　読書習慣のない子どもの割合（スマホ使用時間別）

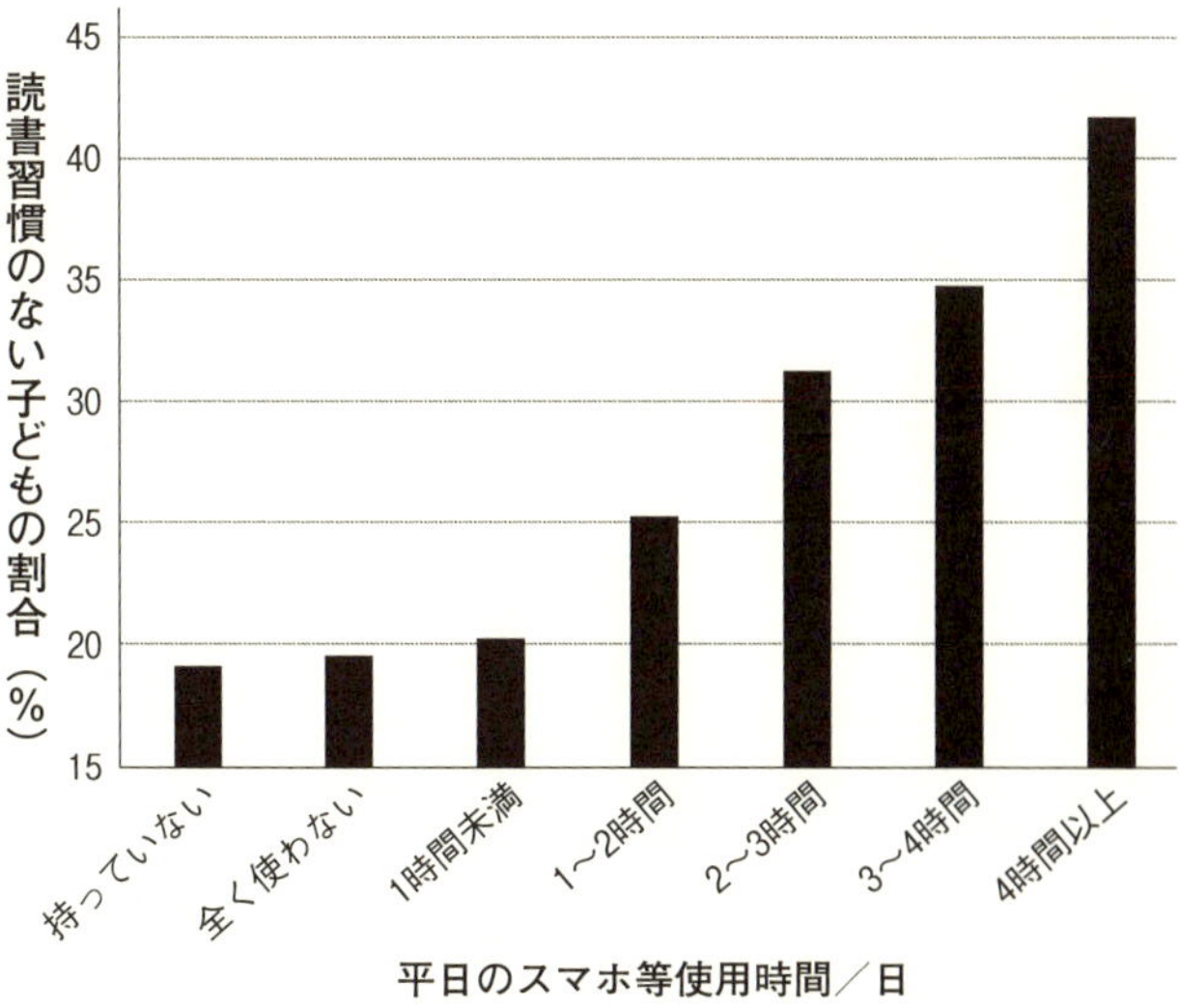

一方で、この結果から読み取れるのは、あくまでスマホ使用時間と読書習慣のなさに関係があるということにすぎません。このような関係を「相関関係」と言います。

もう少し分かりやすく言い換えると、「スマホを長時間使う子どもは読書をしない」という見方もできる一方で、「読書をしない子どもはスマホをたくさん使う」という逆のとらえ方もできるということです。

つまり、ここまでのデータ（「横断データ」と言います）からは、「スマホが普及したから読書をしなくなった」という「因果関係」を示すことはできないのです。ニワトリが先かタマゴが先なのかといった「因果関係」を示すためには、原因と結果が生じるだけの「時間経過」をデータ（「縦断データ」と言います）に盛り込む必要があります。

私たちは続いてスマホ使用と読書習慣の因果関係に言及するために次の解析を試みました。

先述した通り、小学校から中学校へ上がる段階（観測上は中1から中2の間）で読書習慣が失われる危険性が高いため、スマホの使用によって、中1の時点で読書習慣があった子ども達が中2になった時に読書習慣がどのように変化するかを調べてみました（図1－11）。

まず、左側のグラフは、平成26年度の中学校1年生を平日のスマホ等の使用時間「1時間未満」と「1時間以上」の2群に分け、それぞれの読書習慣別の子どもの割合を示しています。

スマホの使用時間が「1時間以上」の子ども達の方が、読書習慣のない子どもの割合が高いことが読み取れます。

図1-11　読書習慣のない子どもの割合の変化とスマホ使用時間の変化の関係

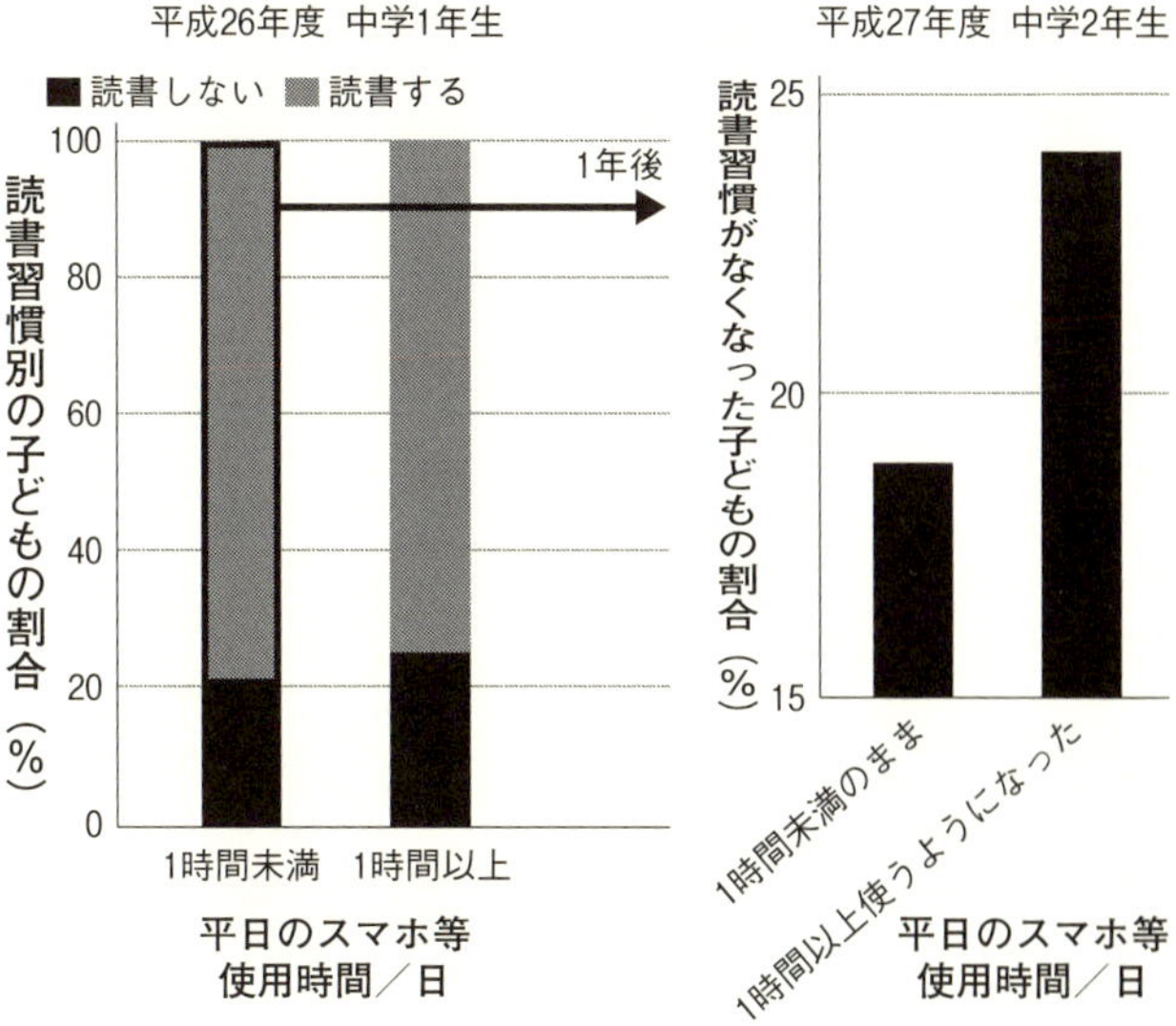

続いて、このグラフのうち、26年度の時点でスマホの使用時間が「1時間未満」かつ「読書習慣があった」子ども達を1年間追跡し、1年後の27年度におけるスマホ使用時間の変化に伴う読書習慣の変化を比較してみました。

ここでのポイントは、同じ子どもを1年間追跡しているという点です。このような追跡調査によって「時間経過」がデータに盛り込まれ、「因果関係」について言及することが可能になります。

余談となりますが、数千人、数万人を対象とした大規模な追跡調査は非常に多くの手間やコストがかかりますし、データの損失も大きいため、私たちが取り組んでいるような地方自治体などの大きな組織との共同研究でもない限り、実施することは難しくなります。

つまり、これから皆さんにお見せするような大規模な縦断データ解析を可能にする、私たちが持つ大規模データベースは、世界中の研究者が「喉から手が出るほど欲しい……!」と思って指をくわえながら見ているような宝の山なのです。

話を元に戻しますが、図1-11右側のグラフを見ると、スマホの使用時間が1年後も変わらず「1時間未満」に留められていた子どものうち、「読書習慣がなくなった」子どもの割合は18・9%でした。それに対して、1年経過してスマホの使用時間が「1時間以上」に延びてしまった子どものうち、「読書習慣がなくなった」子どもの割合は24・0%でした。

つまり、1年の間にスマホの使用時間が延びてしまった子どもの方が中2になった時に読書をやめてしまっている可能性が高いと言えます。

以上の結果から、確かにスマホの使用時間が延びることによって、読書の習慣が失われてしまう可能性があるという「因果関係」が示唆されました。つまり、**「スマホの普及が読書離れの一因となっている」という見解は科学的に正しい**主張であると言えます。

コラム① 「ハッピーエンド」の物語を読むとポジティブ思考が身につく!?

突然ですが、皆さんはどんな小説が好きですか?

「終わりよければ全て良し」の結末が「ハッピーエンド」の物語が好きな方もいれば、後味の悪い「バッドエンド」の物語が好きな方もいらっしゃるでしょう。

実は、精神医学的に申し上げると、「ハッピーエンド」の物語を積極的に読んでいただくことをおすすめします。

Holmesらの研究[*1]によると、冒頭を読んだ段階では結末がハッピーエンドかバッドエンドなのか不明瞭で、必ず**ハッピーエンドを迎えるような物語を読み続けると、気分がポジティブになり、不安の傾向も有意に減少する**と報告されています。

さらに、物語を読む際には主人公になりきって、情景をできるだけ鮮明に思い浮かべると効果が上がります。

なぜ、「ハッピーエンド」の物語を読むとポジティブ思考になれるのでしょうか?

実は冒頭の結末が不明瞭であるというところがポイントなんです。**最初から最後ま**

でハッピーな物語では効果がないことが分かっています。

例えば、朝、目覚めてスマホの画面を見てみると、会社の上司から「出社次第、私のところに来るように」というメールが入っていたら、皆さんならどう思いますか？

よくよく見てみると、このメールの内容自体はポジティブでもネガティブでもない不明瞭な刺激であるにもかかわらず、「何かトラブルがあったに違いない……」とか、「怒られるようなことしたっけな……」とか、ついついネガティブな妄想をしてしまった方もいるのではないでしょうか。このようなネガティブな妄想ばかりを続けてしまうと、うつ病や不安障害といった精神疾患の一因となってしまう危険性があるのです。

もしもハッピーエンドの物語を（主人公になりきって）読み慣れていれば、いざ現実世界で実際に不明瞭な状況に立たされた時に、無意識的にハッピーエンドを想起してしまうポジティブ思考が勝手に身につくのです。

第2章

スマホやゲーム、睡眠、本の読み方…
読書の効果を上げる習慣、下げる習慣

——脳を一番効率よく使う「一日の使い方」とは

脳と睡眠の意外な関係

第1章では、読書習慣と学力に密接な関係があることを仙台市の調査結果を実際に示しながら科学的に証明してきました。

続いて第2章では、読書の効果を最大限に発揮するために必要な生活習慣に着目していきます。

第1章でも少し触れた通り、どんな人間にも与えられる時間はみな平等で一日は24時間と決まっています。さらに、小学生ならおおよそ9時〜16時の7時間、中学生なら放課後の部活動も含めると9時〜18時の9時間を毎日学校で過ごすことになります。つまり、小学生は残りの17時間、中学生は15時間という自由に使える限られた貴重な時間を、いかにして有効に活用していくのかを各々考えていかなくてはいけません。

まずは、人間の活動に必要不可欠な生活習慣である睡眠と学力の関係について考えてみましょう。皆さんも寝不足や徹夜明けで勉強や仕事が捗《はかど》らないと感じたご経験をお持ちではないかと思います。

なぜ、私たちには睡眠が必要なのでしょうか?

生物学的に見ると、睡眠中に分泌される成長ホルモンが重要な役割を担っていると言えます。

「寝る子は育つ」という言葉がある通り、睡眠中に分泌された成長ホルモンによって骨や肉体が形成され、子ども達の健康な成長が実現します。

成長ホルモンと聞いて、「私はもう成長期は過ぎたから関係ないや」と思った方、実はそれは間違いです。

成人の場合は身長こそ伸びませんが、成長ホルモンは細胞の新陳代謝を促進し、傷を治癒したり免疫力を高めたりするなど健康な体を保つための機能も持っており、大人になってもやはり睡眠は必要不可欠であると言えます。

さらに、脳科学的にも睡眠は非常に重要な機能を果たしていることが分かっています。

ご存じの方も多いかと思いますが、睡眠には「浅い眠り(レム睡眠)」と「深い眠り(ノンレム睡眠)」を周期的に繰り返すリズムがあります。

おおよそ90分周期で訪れるレム睡眠の間に、脳は日中の記憶を整理して定着させていると言われています。例えば9時間睡眠の人は一度の睡眠の間にレム睡眠が6回訪れるのに対し、6時間睡眠の人は3分の2の4回しかレム睡眠を経験することができないという計算になります。

つまり、**睡眠時間が短ければ短いほど、レム睡眠の回数も減少し、記憶が定着するチャンスを逃してしまう**ということになります。

皆さんも学生の時分に一夜漬けで試験を乗り切ったご経験を一度はお持ちではないでしょうか。確かに翌日の試験は徹夜の勉強で何とか合格したとしても、数日後には覚えた内容が頭からきれいさっぱり消えてなくなってしまいませんでしたか?

これはまさに、徹夜によってレム睡眠による記憶定着の段階を踏まなかったことが原因であると言えます。

睡眠時間が短いほど脳の〝海馬〟が小さくなってしまう恐るべき事実

睡眠不足が持つ恐ろしい悪影響はそれだけではありません。

私たち東北大学のチームの研究によって、**睡眠不足は脳の機能の低下のみならず、脳の発達自体にも悪影響がある**という恐ろしい事実が判明しました。

Takiら[*2]は5～18歳の健康な子ども達290名に「平日の睡眠時間」を尋ねました。さらに、その子ども達の脳の発達を調べるためにMRIという装置を使って脳の「写真」を撮影しました。

病院で実際にMRI検査を受けられた経験のある方はイメージしやすいかと思いますが、MRIは強力な磁場を利用して「脳の断面図」の写真を高速で何百枚も撮影することができるのです。撮影した大量の脳の断面図の写真を高性能なコンピュータを使って処理をしてあげると、皆さんもおそらく目にしたことがあるであろう3Dの脳の模型のようなデータを作ることができます。

このようにMRIを使って作成した約300人の脳の3D画像を使って、子ども達の睡眠時間と脳の体積の関係を調べてみました。

解析の結果、**睡眠時間の短い子どもほど、脳の「海馬《かいば》」という場所の体積が小さいこと**が明らかとなりました。

「海馬」は記憶を司る脳領域として知られており、睡眠不足は単純に脳の働きを低下させてしまっているだけではなく、その機能を担っている脳自体を破壊してしまっている、もしくは**脳の発達を遅らせてしまっている**恐れがあるという深刻な事実が判明しました。

寝すぎは学力低下を招く？

睡眠が心身、そして脳の健康な発達に重要であることはお分かりいただけたでしょうか。

続いて、睡眠時間と学力にどのような関係があるのかを、再び実際に仙台市の調査結果を見ながら一緒に読み取っていきましょう。

図2－1をご覧ください。このグラフは平成29年度の小学校5年生から中学校3年生の「平日の一日あたりの睡眠時間」と「4教科（国語・算数／数学・理科・社会）の平均偏差値」を表しています。

まず、小学生の線グラフを見てみると、「5時間未満」睡眠の子ども達の成績が最も低く、偏差値は37・9とかなり落ち込んでいます。そこから睡眠時間が長くなるほど成績は高くなり、「8～9時間」睡眠の子ども達の成績が偏差値51・4と最も高くなっています。

図2-1　睡眠時間と成績の関係（小・中学生別）

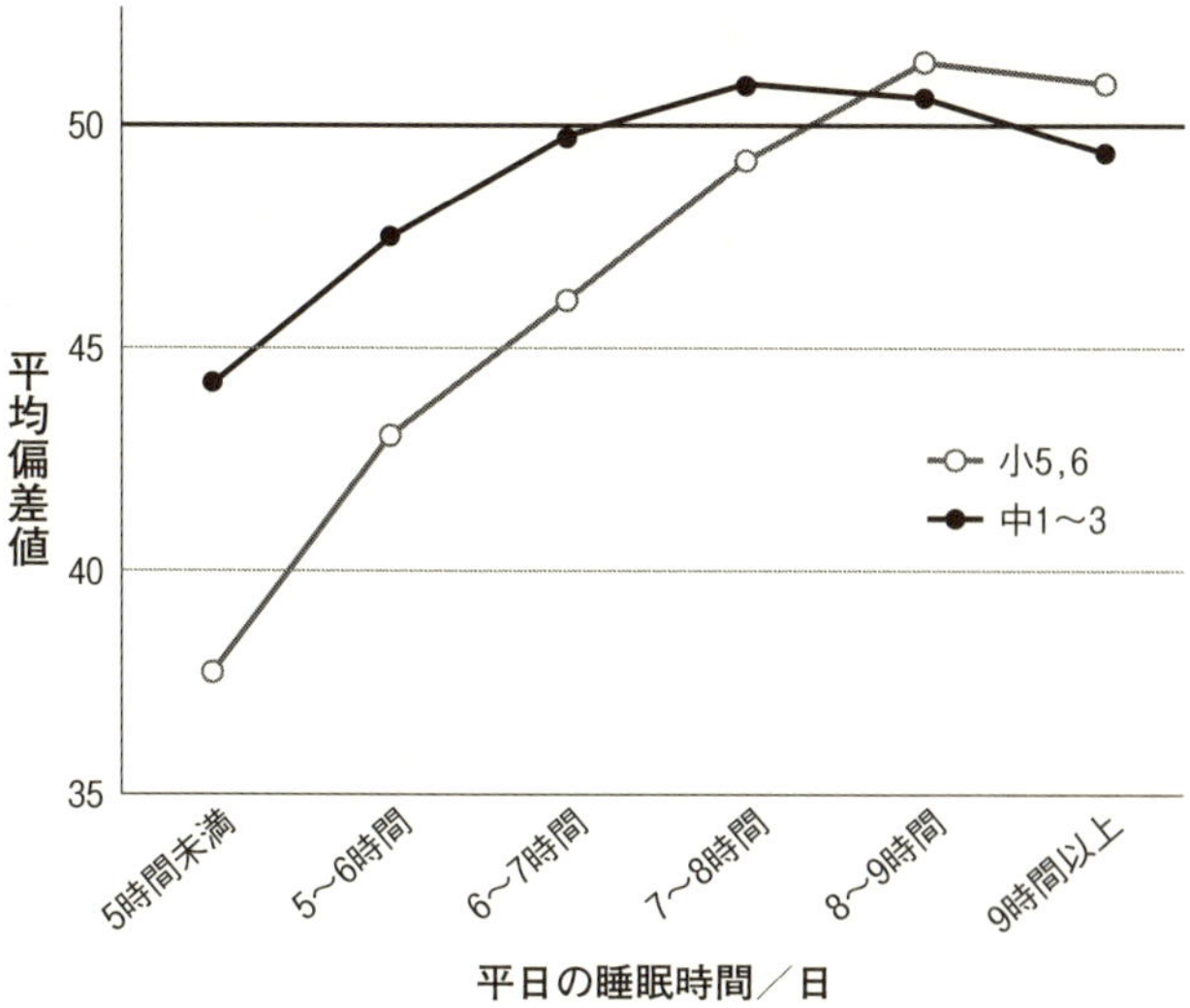

「9時間以上」睡眠の子ども達の成績は若干落ち込んでいるように見えますが、偏差値50以上を「成績上位層」ととらえるのであれば、小学生は8時間以上の睡眠時間を確保するべきであると言えるでしょう。

続いて、中学生の線グラフをご覧ください。小学生と同様、「5時間未満」睡眠の子ども達の成績が最も低く、偏差値は44・3と小学生ほど極端ではないにしても落ち込んでおります。そこから睡眠時間が長くなるほど成績は高くなり、中学生の場合は「7〜8時間」睡眠の子ども達の成績が偏差値50・9と最も高くなっています。8時間以上睡眠になるとゆるやかに成績が低下しているように見えます。

以上の結果から、中学生の場合には、「成績上位層」に入るための目安として7～9時間の睡眠時間を確保するべきであると言えます。

ところで、小学生の「9時間以上」睡眠、中学生の「8～9時間・9時間以上」睡眠で成績が落ち込んでいるのはなぜでしょうか？　理由は2つ考えられます。

①他の活動時間の「削られ効果」

第1章でも再三言及した通り、何かの時間を長く確保するためには他の活動時間を削る必要が出てきます。寝すぎの子ども達は長時間睡眠を実現するために十分な勉強時間や読書時間を取ることができていない可能性が考えられます。これは小学生と中学生のピークがずれていることからも有力な仮説であると言えるでしょう。

②生活リズムの乱れ

寝すぎの子ども達は生活リズムが整っていない可能性があります。生活リズムが不規則だと睡眠の質は低下します。睡眠の質が悪いと、例えば寝つきが悪く布団に入ったあともダラダラとスマホをいじっていたり、目覚めも悪く布団からなかなか出られなかったりしてしまいます。つまり、見かけの睡眠時間は長くても、実際に充実した睡眠を取っている時間は短いことが懸念されます。

3つのグラフの「成績上位層」の厚さに注目してください

小中学生は限りある自由時間を使って、勉強を頑張って、適度な睡眠を取って、さらには読書までしなくてはいけません。これまでの解析結果から、勉強・睡眠・読書のどれか一つの活動だけを頑張っても学力が向上しないばかりか、かえって他の活動の「削られ効果」が大きく出て悪影響となってしまう危険性があることが分かってきました。

そうなると、勉強・睡眠・読書にそれぞれかける時間の最適な組み合わせが知りたくなってきますよね。そのご要望にお応えするために、読書の効果を最大限発揮するために必要な勉強・睡眠時間の組み合わせを求めてみました。

図2-2　読書・勉強・睡眠時間の関係 読書1時間以上

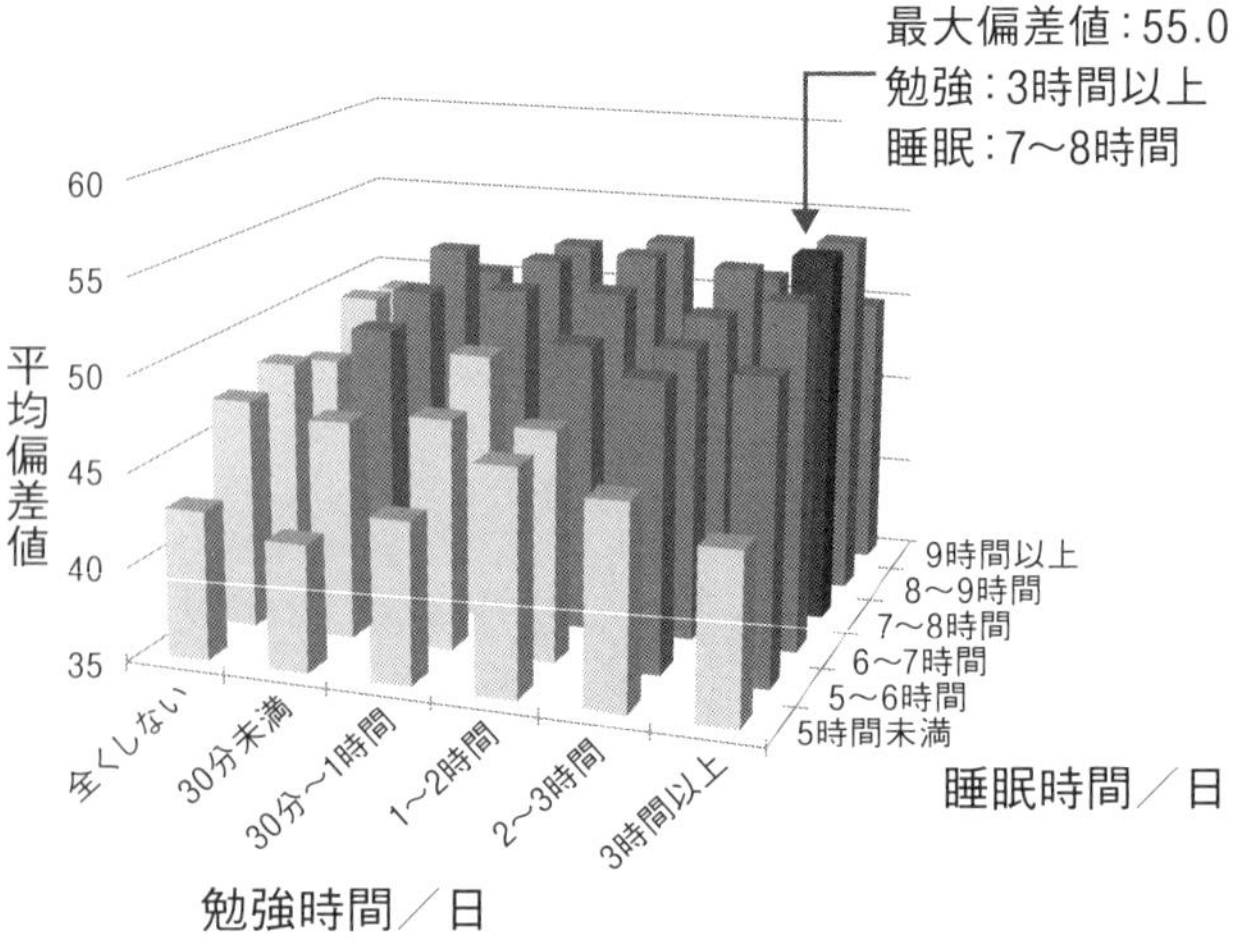

図2-3　読書・勉強・睡眠時間の関係 読書1時間未満

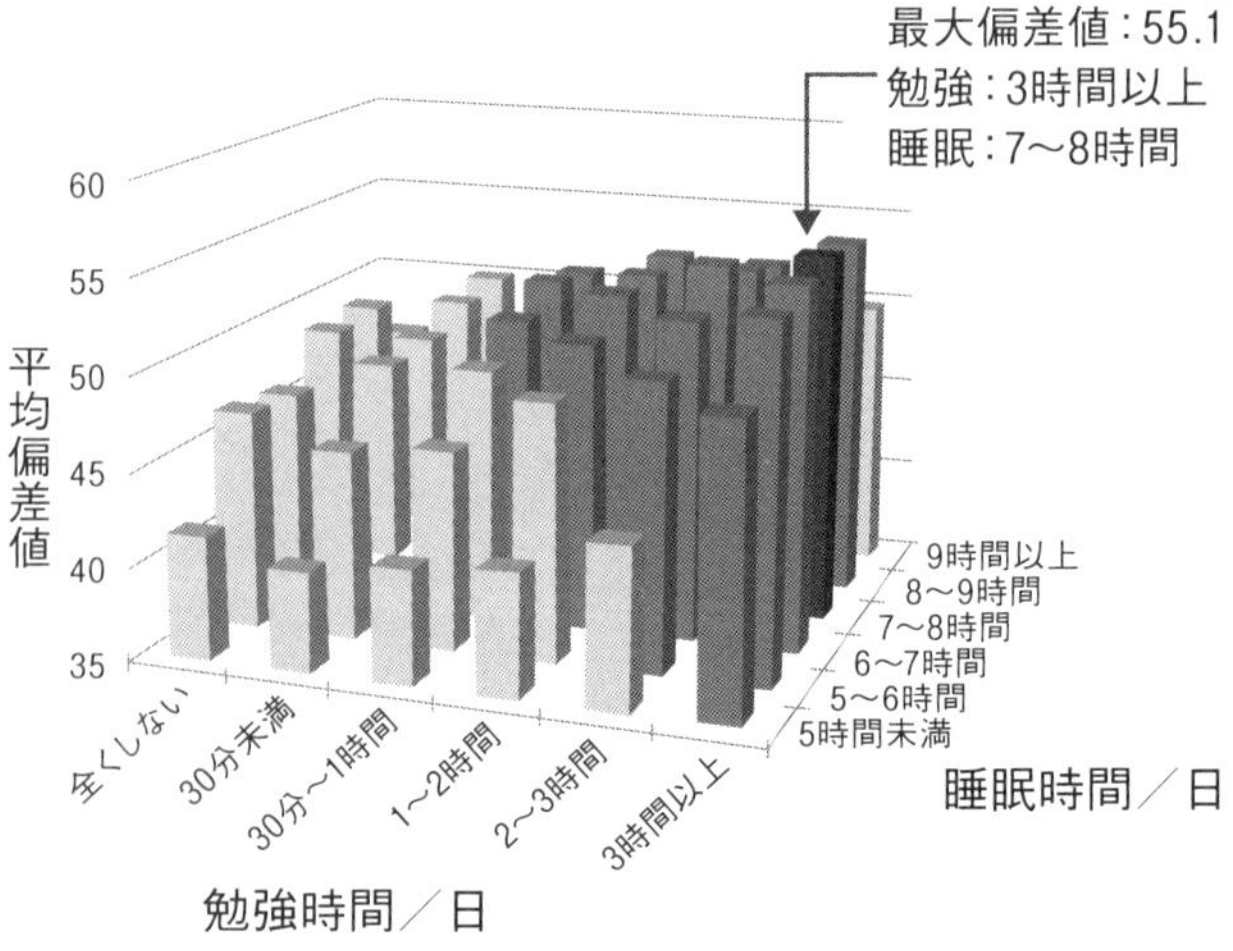

図2-4　読書・勉強・睡眠時間の関係　読書全くしない

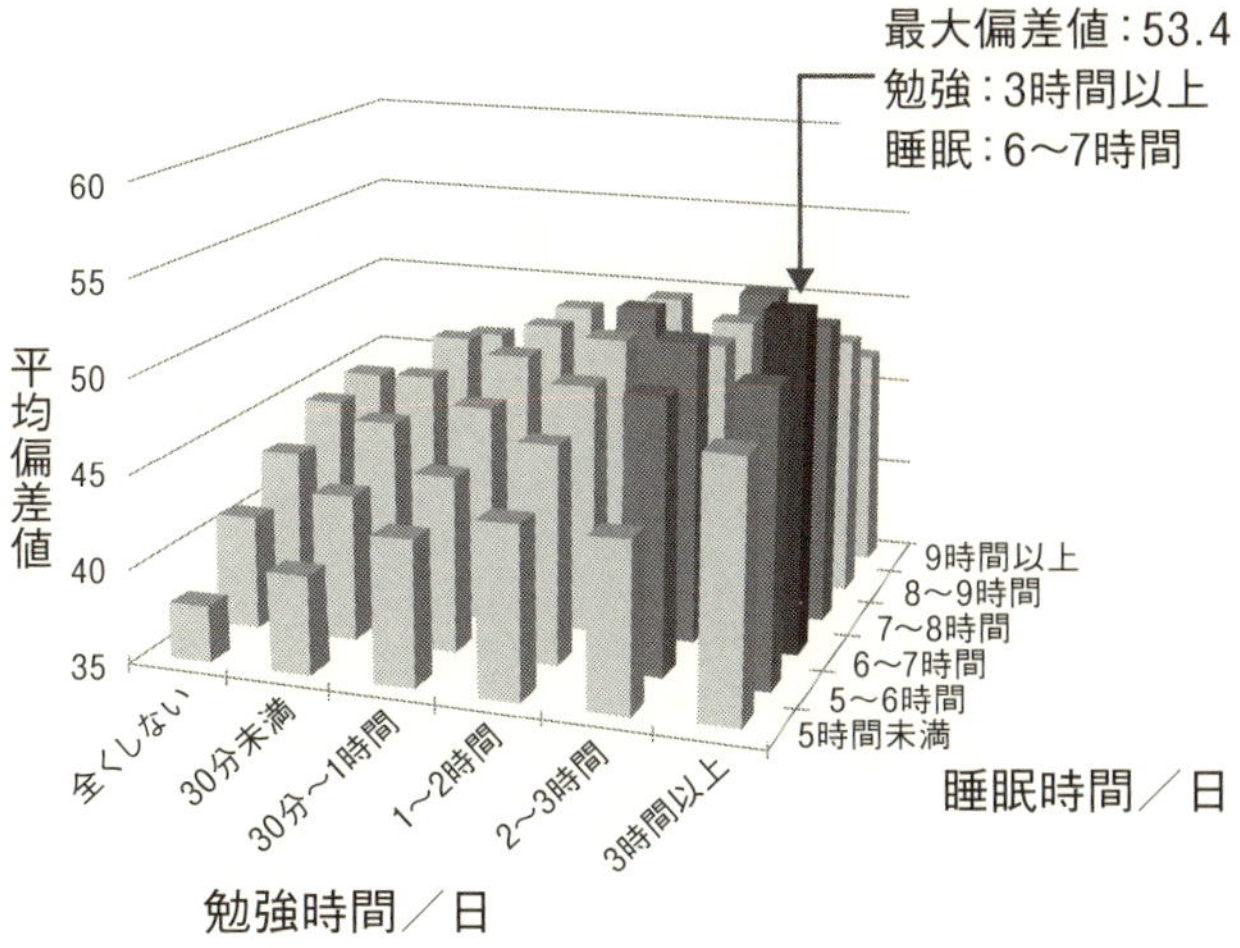

図2－2～4をご覧ください。平成29年度の小学5年生～中学3年生を平日の読書時間別に「1時間以上・1時間未満・全くしない」の3群に分割し、それぞれ勉強時間、睡眠時間別の偏差値を算出しました。

まず、図2－2は読書「1時間以上」の群です。棒グラフについて、偏差値50未満の「成績下位層」を薄いグレー、偏差値50以上の「成績上位層」を濃いグレー、群内の最大偏差値を黒で色分けしてみました。

棒グラフの色をざっと見回してみると、**読書「1時間以上」の子ども達は「成績上位層」を示す濃いグレーの棒が半分以上を占めているこ**とが見て取れます。

一方で、勉強を「全くしない」群の列は、

読書を「1時間以上」していようが、どれだけしっかりとした睡眠を取っていようが、「成績下位層」に沈んでいることが分かります。小中学校では毎日少なくとも何かしらの教科で宿題が出ているはずです。つまり、勉強を「全くしない」というのは、宿題すらもやっていないことになりますから、いくら読書を頑張っていようが、「成績下位層」から抜け出せないのは明確だと思います。

同様に、「5時間未満」睡眠の群の列も、読書を「1時間以上」していようが、どれだけ勉強を頑張っていようが、「成績下位層」に沈んでいます。

特に、読書を「1時間以上」、勉強も「3時間以上」、一生懸命頑張っている子ども達でさえも、偏差値はたった44・1にしかならないというのは驚きです。

読書や勉強をたくさん頑張ってせっかく身につけた（つもりになっている）知識も、しっかりとした**睡眠によって記憶の定着を図らない限りは学力という結果には結びついてこない**のです。

子ども達にとって、努力が報われないほど辛いことはありません。せっかくやる気がある頑張り屋さんの子ども達の努力をしっかりと結果に結びつけてあげるためにも、十分な睡眠を取るように優しくご指導していただきたいと強く願います。

続いて、睡眠時間が「6～7時間」以上の群を見ていただくと、勉強をたった「30分未満」しかしていない群でも、「成績上位層」に食い込んできていることが分かります。

勉強「30分未満」というと、本当に宿題を何とかこなしているだけといったところでしょうか。しっかりとした睡眠を取りつつ、きちんと最低限与えられた宿題というノルマさえこなしていれば、あとは読書の効果だけでも十分に学力を平均以上に上げることができるのです。

そして、読書「1時間以上」群の最大偏差値は、勉強「3時間以上」かつ、睡眠「7～8時間」群の55・0となりました。

仮に読書1時間、勉強3時間、睡眠8時間で計算すると、合計が12時間となります。先に記したように中学生の自由時間は約15時間ですから、差分を取ると、たったの3時間しか残りません。その他、通学、食事、お風呂の時間などを考慮すると、トップ層の子ども達にはほとんど遊ぶ時間も残されていないように思えますね。

続いて、図2－3をご覧ください。こちらは読書「1時間未満」群のデータです。先ほどの読書「1時間以上」群のグラフと比較すると、**「成績上位層」を示す濃いグレーの山**

が右側にシフトしているように見受けられます。

言い換えると、**読書「1時間未満」では、勉強「30分未満」で「成績上位層」には食い込めないということです。**

それでも、睡眠を「7〜8時間」以上きっちり確保しつつ、勉強を「30分〜1時間」していれば、まだ「成績上位層」に食い込むチャンスは残されています。

例えば、勉強「30分〜1時間」かつ睡眠「8〜9時間」群の偏差値が51・2です。勉強「30分〜1時間」といえば、高学年なら宿題だけでも1時間程度は要しますし、低学年でも宿題に加えて少し自分で気になったことを調べたりするだけでも達成できます。

また、読書「1時間未満」も決して無理のない目標であるように感じられます。仮に読書1時間、勉強1時間、睡眠8時間で計算すると、合計が10時間となります。中学生の自由時間と差分を取ると5時間残ります。そうすると、友達と遊んだり趣味に打ち込んだりする時間も多少は確保できそうな気がしてきますよね。勉強も読書も無理せず続けられる程度の目標で「成績上位層」をキープできる現実的な組み合わせの一つであると言えます。

そして、読書「1時間未満」群の最大偏差値は、読書「1時間以上」群と変わらず、勉強「3時間以上」かつ、睡眠「7〜8時間」群の組み合わせで、55・1となりました。

最後に、図2－4をご覧ください。こちらは読書を「全くしない」群のデータです。グラフを見ると一目瞭然ですよね。先の2群のグラフと比べて、明らかに「成績上位層」を示す濃いグレーの棒の数が極端に少ないことが分かります。

勉強「30分～1時間」未満の群、つまり宿題など必要最低限以上の自主的な勉強はしないような子ども達は、**読書を「全くしない」と決して「成績下位層」を抜け出せません。**

さらには、勉強「1～2時間・2～3時間」という勉強をそれなりに一生懸命頑張っているような子ども達でさえも、「成績下位層」に多く留まってしまっていることが分かります。

読書を「全くしない」群の最大偏差値は、勉強「3時間以上」かつ、睡眠「6～7時間」群の組み合わせで、53・4となっています。

読書を全くしない子ども達は、勉強を「3時間以上」必死に頑張って、睡眠時間も「6～7時間」とギリギリまで削って、ようやく「成績上位層」に食い込むことができているといった印象を受けますよね。

ちなみに、図2－2で読書「1時間以上」かつ勉強「1～2時間」かつ睡眠「8～9時間」群の偏差値が53・2と、ほぼ同じ値となっています。**勉強にあてている3時間のうち1時間を読書に回してあげれば、同程度の成績をキープしつつ、1時間長く眠れるようになる**という計算になります。必死に1時間勉強するのと、1時間楽しみながら読書を取り入れつつ、さらに1時間長く眠れるオマケ付き。皆さんならどちらを選びますか？

小学生は勉強2時間やるより、勉強1時間＋読書1時間がベスト

これまで示してきたいくつかのデータでは、小学生と中学生では推奨される読書時間や睡眠時間が若干異なっていました。つまり、図2－2～4で求めた「勉強・睡眠・読書時間」の最適な組み合わせも学年ごとに変わってくる可能性があります。そこで、小学生と中学生で分けて、「最適な組み合わせ」を改めて求めてみました。

しかし、単純に小学生と中学生で分割してしまうと、極端に人数の少ない群ができてしまいます。そうすると、統計的な信頼性が失われてしまい、「科学的なデータ」とは言え

なくなってしまいます。そこで、勉強時間、睡眠時間を図2－2～4の6分割ではなく、勉強時間を「30分未満・30分～2時間・2時間以上」の3群に、睡眠時間を「6時間未満・6～8時間・8時間以上」の3群に組み替えて分析を試みました。

まずは小学生の結果から見てみましょう（図2－5）。

平成29年度の小学5、6年生において、「勉強・睡眠・読書時間」の最適な組み合わせは、勉強「30分～1時間」かつ、睡眠「8時間以上」かつ、読書「1時間以上」で、平均偏差値は53・2となりました。

勉強「2時間以上」がトップにこないところに注目してください。小学生のうちは読書もそうですし、勉強以外のそれぞれ子どもの興味、関心に合わせた活動が結果的に高い学力に結びついていると言えるのではないでしょうか。そのため、**小学生のうちはたくさん勉強させるよりも、たくさん読書をして幅広い知識や視野を身につけたり、豊かな感受性を養ったりしたほうが学力に結びつく**と言えます。

一方で、図2－2と同様、勉強「全くしない」群や、睡眠「6時間未満」群はもれなく「成績下位層」に沈んでいることが分かります。

続いて中学生の結果を見てみましょう（図2－6）。

図2-5　読書・勉強・睡眠時間の関係（小学生）

小学5, 6年生

勉強	睡眠	読書	偏差値
30分～2時間	8時間以上	1時間以上	53.2
2時間以上	6～8時間	1時間未満	53.0
2時間以上	8時間以上	1時間以上	52.8
2時間以上	8時間以上	1時間未満	52.7
30分～2時間	8時間以上	1時間未満	51.6
2時間以上	8時間以上	全くしない	50.9
30分～2時間	6～8時間	1時間以上	50.8
2時間以上	6～8時間	1時間以上	50.5
30分未満	8時間以上	1時間以上	50.5
30分～2時間	8時間以上	全くしない	49.6
30分未満	8時間以上	1時間未満	49.3
2時間以上	6～8時間	全くしない	48.9
30分～2時間	6～8時間	1時間未満	48.7
30分未満	6～8時間	1時間以上	47.7
30分～2時間	6～8時間	全くしない	47.2
2時間以上	6時間未満	1時間以上	45.5
30分未満	8時間以上	全くしない	45.4
30分未満	6～8時間	1時間未満	45.2
2時間以上	6時間未満	1時間未満	44.4
2時間以上	6時間未満	全くしない	43.3
30分～2時間	6時間未満	1時間以上	43.2
30分未満	6時間未満	1時間以上	42.9
30分未満	6～8時間	全くしない	42.7
30分～2時間	6時間未満	全くしない	41.9
30分～2時間	6時間未満	1時間未満	41.4
30分未満	6時間未満	1時間未満	38.2
30分未満	6時間未満	全くしない	36.4

成績上位層
▲
▼
成績下位層

図2-6　読書・勉強・睡眠時間の関係（中学生）

中学1～3年生

勉強	睡眠	読書	偏差値
2時間以上	6～8時間	1時間未満	54.0
2時間以上	6～8時間	1時間以上	52.7
30分未満	8時間以上	1時間以上	52.5
2時間以上	8時間以上	1時間未満	52.1
30分～2時間	8時間以上	1時間以上	52.1
2時間以上	6時間未満	1時間未満	51.8
30分～2時間	6～8時間	1時間以上	51.7
30分～2時間	6～8時間	1時間未満	51.5
30分未満	6～8時間	1時間以上	51.3
30分～2時間	8時間以上	1時間未満	51.2
2時間以上	6～8時間	全くしない	51.2
2時間以上	8時間以上	1時間以上	50.9
2時間以上	6時間未満	全くしない	50.2
2時間以上	6時間未満	1時間以上	49.8
30分未満	6～8時間	1時間未満	49.6
30分未満	8時間以上	1時間未満	49.3
30分～2時間	6～8時間	全くしない	48.6
30分～2時間	8時間以上	全くしない	48.5
2時間以上	8時間以上	全くしない	48.2
30分～2時間	6時間未満	1時間以上	47.7
30分～2時間	6時間未満	1時間未満	47.7
30分未満	8時間以上	全くしない	46.6
30分未満	6～8時間	全くしない	45.8
30分～2時間	6時間未満	全くしない	45.5
30分未満	6時間未満	1時間未満	45.4
30分未満	6時間未満	1時間以上	45.3
30分未満	6時間未満	全くしない	41.8

成績上位層
▲
▼
成績下位層

中学生では、勉強「2時間以上」かつ、睡眠「6~8時間」かつ、読書「1時間未満」が最適な組み合わせとなり、平均偏差値は54・0となりました。

小学生と比べると、中学生は学習内容が高度になりますし、宿題の量も増えてきます。そのため、成績トップ層を狙うためには堅実に「2時間以上」勉強を頑張る必要があると言えます。読書も、無理に忙しい時間を割いてたくさん読むというよりは、すきま時間を見つけてコツコツと毎日少しずつでも読書をする習慣を身につけるように指導してはいかがでしょうか。

WHOが認定！ ゲーム依存は「病気」

テレビやゲーム、そしてスマホと現代は子ども達を誘惑する魅力的なメディア機器であふれています。もちろん、それらのメディア機器が提供する娯楽の全てが絶対悪だとは言いません。時には息抜きも必要でしょう。

警戒するべきは子ども達がメディア機器に支配されてしまうことです。

近年の研究でメディア機器にはタバコや薬物と同じように人間を支配する「依存性」があることが分かってきています。平成30年に発表された、世界保健機関（WHO）による疾病《しっぺい》の分類で世界的に広く採用されている最新のICD-11にも「ゲーム症（障害）」が新たに採用されました。

最初は軽い息抜きの気持ちで始めたゲームやスマホでも、一度「依存症」に陥ってしまうと自分の力だけではなかなかやめられなくなってしまうのです。そのような泥沼にはまらないためにも、子ども達は強い心を持って自分を律する「自己管理能力」を身につける必要があるでしょう。

読書についても同様のことが言えます。第1章で、読書のしすぎで成績が低下する理由に触れました。スマホやゲームと違って、学力によい影響を与えそうな読書でさえも、没頭しすぎて生活リズムを崩してしまっては逆効果となってしまうのです。

やはり、読書がどんなに楽しくても、自分をしっかりと管理して、規則正しい生活を送ることが、読書の効果を最大限発揮する意味でも重要であると言えます。

読書の効果を高める本の読み方

ひとくちに読書と言っても、本の読み方にはいろいろなパターンが考えられます。

例えば、一度にまとめて一冊を読み切ってしまう人もいれば、毎日少しずつ読む人もいますし、音読や速読をしている人もいるでしょう。また、簡単な本なのか難しい本なのか、自分で選んだ本なのか課題図書なのか、読む本の内容についても様々です。これらの違いについて、読書の効果をより高める本の読み方をご紹介していきます。

まとめ読みと細切れ読み、どちらが頭に残りやすい？

皆さんは本を読む時間はどのように確保していますか？

休日などを利用して、数時間単位のまとまった時間を確保して一日で一気に読み切ってしまう人もいれば、毎日の通勤、通学時間や、お風呂やトイレに入っている時間などのすきま時間を利用して細切れに読書をしている人もいるでしょう。

本はまとめて読むのと細切れに読むのは、どちらが効果的なのでしょうか？

Watanabe & Ikegaya[*3]は中学1年生を対象に、勉強時間と学習の定着・集中力に関する実証実験を行いました。

まず、29名の子ども達を事前テストの成績が均等になるように3グループに分け、それぞれ異なる条件で英単語を覚えてもらいます。

一つ目のグループ（10名）は60分間休みなしで、二つ目のグループ（10名）は45分間休みなしで学習し、三つ目のグループ（9名）は、15分間の学習を7・5分間の休憩をはさみながら3セット（計45分間）行います。そして学習の直後、翌日、1週間後の3回、英単語のテストを実施し、学習の定着度を測りました。

実験の結果、3回全てのテストの成績において、45分間休みなしグループよりも60分間休みなしグループの成績が高くなりました。これは単純に勉強時間が長かったグループの方が成績がよかったという当たり前の結果ですね。

一方で、非常に興味深い結果として、学習直後のテストにおいては15分×3グループよりも60分間休みなしグループの成績が高かったのに対し、翌日および1週間後のテストにおいては、15分×3グループの方が60分間休みなしグループの成績よりも高かったのです。もう少し結果の解釈を分かりやすく言い換えると、**こまめな休憩を取りながら細切れに勉強した方が、長時間ぶっ通しで勉強したよりも記憶が定着した**ことを示しています。

つまり、この実験の結果を単純に読書に置き換えると、本の内容がより頭に残りやすいのは「細切れ読書」と言えるでしょう。

また、読書を続きから再開した時に、前回までの内容を確認するために少し振り返って読み直してみたりしませんか？　この読み返しによって、さらに反復学習の効果も得られ、より記憶への定着が期待されます。

「音読」の脳トレ効果、「速読」の視空間認知能力アップ効果

普段読書をする時は､皆さん基本的には声には出さずに頭の中だけで言葉を浮かべる「黙読」をしているかと思います。一方で、本を声に出して読み上げる「音読」や、熟練者になればパラパラとページをめくるだけで本をあっという間に読み終えることができる「速

読」を実践している人もいるかもしれません。「黙読」と比較して、「音読」や「速読」はどのような効果があるのでしょうか。

「音読」をすると「黙読」をしている時よりも広範囲の脳領域が活性化します（コラム⑧参照）。そのため、「脳トレ」としての効果を見込むとしたら、「音読」は非常におすすめの読書法であると言えます。

しかし、実際に「音読」をしてみると、頑張っても10分間程度で疲れてしまいます。「音読」は非常に体力を要するのです。また、通学、通勤電車の中など公共の場では周りの方の迷惑になりますので「音読」はできません。そのため、「音読」の「脳トレ」としての効果は大きいですが、時間や場面が限られてきます。

「速読」についてRaynerらはレビュー論文[*4]で、文章を速く読もうとすると必ず理解度が下がってしまうため、原理的に速読は不可能であると主張しています。一方で、文章についての事前知識があれば、文章の要点だけをかいつまんで読む**「飛ばし読み（スキミング）」は有効**であると言及しています。

つまり、「速読」についても、同じ本を読み返す時や、本の要旨や概要をすばやくとらえたい時など、状況や目的に応じて取り入れるべきだと言えるでしょう。

また、Fujimakiら[*5]は被験者にＭＲＩの中で実際に本を読んでもらい、その時の脳活動を計測しました。

本を読むとはいっても、ＭＲＩの中に文庫本を持ち込んでもらったわけではありません。実は、ＭＲＩの中に仰向けで横たわった人のちょうど目の前にはスクリーンが設置されているのです。このスクリーン上に文章を１ページずつ映し出すことで、被験者に読書をしてもらっています。

実験では、文章を「普段通りの速さ」で読む条件と、「できるだけ速く」読む条件の２つの条件が設定されました。

脳活動を解析した結果、「普段通りの速さ」で読書をした時と比べて、**「できるだけ速く」読書をした時には言語に関わる脳領域（ブローカ野《や》・ウェルニッケ野《や》など）の活動が低下し、反対に視空間認知に関する脳領域（頭頂間溝など）の活動が高まっている**ことが判明しました。

速読には、文章を写真のようにとらえ、頭の中で言語化しないという基本技術がありま す。つまり、脳科学的に「速読」は言語能力の向上には効果が小さく、視覚や空間認知の能力を向上させる効果は見込めると言えます。

本の難易度について

学習の基本は、自分の実力よりほんの少しだけ高いレベルの課題に取り組むこと。難しすぎて全く理解できないような本を読んでも頭に何も残りませんし、途中で読むのをあきらめてしまうでしょう。逆に、簡単すぎる本を読んでも刺激が得られず退屈してしまうでしょう。

分からない言葉や難しい表現が出てきたら、辞書を引きながら何とか読み切れるレベルの本が最も達成感や満足感を得られる読書となるでしょう。そして徐々に知識や読書力が向上し、どんどんと難しい本を読めるように成長していくことができます。

ただし、特に低学年の読書を始めたばかりの子ども達に対しては、簡単な本でも構いませんから、たくさんの本を読む習慣をつけていただきたいと思います。無理に難しい本を読ませることで読書嫌いになってしまっては元も子もありません。

「自由読書」vs.「課題読書」

毎年恒例となっている「青少年読書感想文全国コンクール」では、子ども達が自分で自由に選んだ本を読む「自由読書」と、主催者が指定した本を読む「課題読書」を選ぶことができるような仕組みになっています。一方「朝の読書運動」では、子ども達が各々好きな本を読む「自由読書」を原則としています。

「自由読書」と「課題読書」はどちらが有効なのでしょうか？

それぞれのメリットとデメリットを挙げながら検討していきましょう。

●「自由読書」のメリット

「自由読書プログラム」を推進するクラッシェンの研究[*6]によると、読解力テストに対する学校内の自由読書プログラムの影響を検証した41例の研究のうち、実に93％にあたる38例において、「自由読書」に取り組んだ生徒は従来の言語指導を受けた生徒と同等以上の成績を示したと報告されております。

子ども達の読解力には学力や発達の違いによって個人差が生じます。「自由読書」の場合は、子ども達がそれぞれ自分の読解力に合ったレベルの本を選ぶことができます。そのため、最初は簡単な本から読み始めて、徐々に自分の成長に合わせて無理なくレベルアップしていくことができます。

また、本を「自分の意思で選ぶ」という行動を通して、子どもの主体性を養う効果もあります。自分で選んだものは他人から与えられたものよりも愛着が湧きますし、自然と「最後までしっかりと読もう」というモチベーションを持ってくれることも期待できます。

「自由読書」のデメリット

集団学習を基本形態としている学校教育では、生徒がバラバラの内容の本を読んでいるということは先生の立場からすると管理、指導するのが難しいと言えるでしょう。

また、メリットで述べたように、子ども達が自ら自分の実力のほんの少し上の難易度の本を選んで読みながら徐々に成長していくのが理想です。一方で、全ての子ども達がそのような選択をしてくれるという保証はどこにもありません。完全な自由選択では、自分の読解力のはるか下のレベルの簡単な本ばかりをダラダラと読んでしまう生徒が出てきてしまうリスクが想定されます。

特に低学年の子ども達は、自分がどんな本が好きなのか、どんな本を読みたいのかが分からず、本を選べないということも懸念されます。

「課題読書」のメリット

親や先生などが、子ども達の年代や能力に合わせて、その時に身につけてほしい知識や考え方などをじっくりと検討して、教育的な狙いを持って課題図書を選定することができます。

また、普段自分からは選ばないようなジャンルの本が課題図書になった場合は、思いがけない発見があったり、視野が広がったりするなどの効果が期待できます。

仲間同士で同じ本を読むことで本の内容が共通の話題になりますし、集団としての団結力が生まれます。また、本を読み終わった後にコラム③でご紹介する「読書会」などの活動につなげて感想を共有するなど、より読書の質を深めることもできます。

●「課題読書」のデメリット

ちょうど「自由読書」のメリットの逆に当たりますが、子ども達の読解力や語彙力《ごいりょく》には個人差があり、同学年であっても同じ本を読んで「簡単すぎる」と感じて退屈してしまう子どもや、「難しすぎる」と感じて読みきれない子どもが出てくる可能性があります。

勉強もそうですが、**「やらされ感」は学習効果を低下させる**ことが分かっています。偶然にも課題図書が自分の好みと合った場合は問題ありませんが、興味のない本であった場合は読みたくもない本を無理やり読まされていると感じてしまい、効果が下がってしまいます。最悪の場合、子どもが読書嫌いになってしまう危険性すらあります。

以上のように、「自由読書」「課題読書」の双方にメリットとデメリットが存在し、一概にどちらが優れているとは言い切れません。そのため、親御さんや先生方の教育上の目的に合わせて上手に選択していただきたいと思います。また、例えば「数冊の選択肢を与えて選ばせる」ような、いいとこ取りのハイブリッドデザインにすることも有効な手立ての一つになるでしょう。

コラム❷ スマホによる「ながら読書」の危険

皆さんは読書をする時、スマホはどこに置いておきますか？　机の上など目につく場所、あるいはポケットの中など、すぐに手が届く場所に置いていませんか？

もし集中して読書に励んでいる時に、スマホに友達から遊びのお誘いのメッセージが入って、机の上から「ピコン」と着信音が聞こえてきたら、あるいはポケットの中のスマホが「ブルブル」と震えたらどうしますか？

おそらくすぐに気が散ってしまい、スマホを取り出してメッセージを見ずにはいられないでしょう。このように、スマホに妨害されながら行う「ながら読書」は、どのような影響をもたらすのでしょうか？

Bowmanらの研究[*7]によると、インスタントメッセージをしながら読書をすると、メッセージのやりとりをしている時間を除いたとしても、読書にかかる時間が長くなってしまうことが報告されています。

この実験の結果で面白いのは、読書のあとに本の内容についてのテストを実施しても、「集中して読書」をした人たちと「ながら読書」をした人たちの間で成績自体は変わらなかったという点です。

言い換えると、**「ながら読書」で「集中して読書」をした時と同じレベルの理解度を得ようとすると、より読む速度を下げてゆっくりと精読しなければいけなくなってしまったと言えます。**

特に、スマホの操作を終えて読書を再開してから、また集中して読書をしている状態に戻るまでの時間に学習効率が下がってしまっていると考えられます。

そのため、読書をする時には可能な限りスマホの電源は切って、目に入らないところに隔離することが、読書の効率を上げるために非常に有効であると言えます。

第3章

本を読まないと脳がダメになる!?

——脳の働きだけでなく、脳神経回路まで変わる驚き

読み方が変われば、脳の使い方も変わる

突然ですが、皆さん、いま脳のどのあたりを使っていますか?

皆さんはいま実際に本書を「読書」しているわけですから、いままさに皆さんの脳に表れている活動こそが、「読書」の脳活動であると言えます。

いまこの場で皆さんの脳活動を計測して見せることができればいいのですが、残念ながらそういうわけにはいきません。そこで、過去に行われた世界中の研究を紹介しながら、「読書」で活性化する脳領域についての理解を深めていきましょう。

「読書」の脳活動に入る前に、脳科学の基礎について簡単におさらいしておきましょう。私たちの脳は場所によって違う機能を担っていることが分かっています。

例えば、脳のある特定の部分が事故や病気で傷ついてしまうと、他の活動には全く支障がないのにもかかわらず、ある特定の機能だけが失われてしまうといったことが起こるのです。これを少し難しい言葉で、「脳機能局在論《きょくざいろん》」と言います。そして、この脳の場所に

よる機能の違いを特定し、脳を「地図」に見立てて「マッピング」していく研究を「**脳機能マッピング研究**」と言います。

いま、自分の脳のどこが活動しているのかは自覚できませんが、どのように「脳を使っているか」は皆さんも何となくイメージできませんか？　もしよろしければ、どんなことでもいいので、思いつく限り挙げてみてください。

まず、目を使って文字を見ていますよね。そしてその文字の形を読み取って意味のある単語であると認識しています。さらにその単語の羅列を目で追って文章の意味を理解しています。そしてその文章の内容を記憶しながら次の文章に読み進めていますね。ざっと思いつくものを挙げるだけでも、私たちは読書をする時にたくさん脳を使っていることが分かります。

いま挙げたような、それぞれの機能が脳のどの領域に「マッピング」されているのかを順番に見ていきましょう。

◎文字を見ている時の脳活動

まず、私たちは脳のどこを使ってものを見ていると思いますか？

人間の目は頭の前側に付いていますから、何となく目の裏側あたりの脳領域が働いている気がしますよね。

皆さんは滑って後ろ向きに転んだ時に、後頭部を打って目がチカチカした経験を一度はお持ちではないでしょうか。これは後頭部にある脳領域が物理的な刺激を受けて一時的に麻痺《まひ》したせいで起こる現象です。

そうなんです、実は、**ものを見ている時に働いているのは皆さんの後頭部にあたる脳領域（後頭葉《こうとうよう》と言います）なのです**。意外ですよね。しかも、右目で見たものは脳の左側に、左目で見たものは右の脳に投影されているのです。脳って本当に不思議ですよね。

では、単純にものを見ている時と文字を見ている時は、活動している脳領域は違うのでしょうか？

Fujimakiら[*8]は面白い工夫によって文字を見ている時だけ特異的に活動する脳領域を突き止めました。

図3-1　言葉機能を司る脳領域

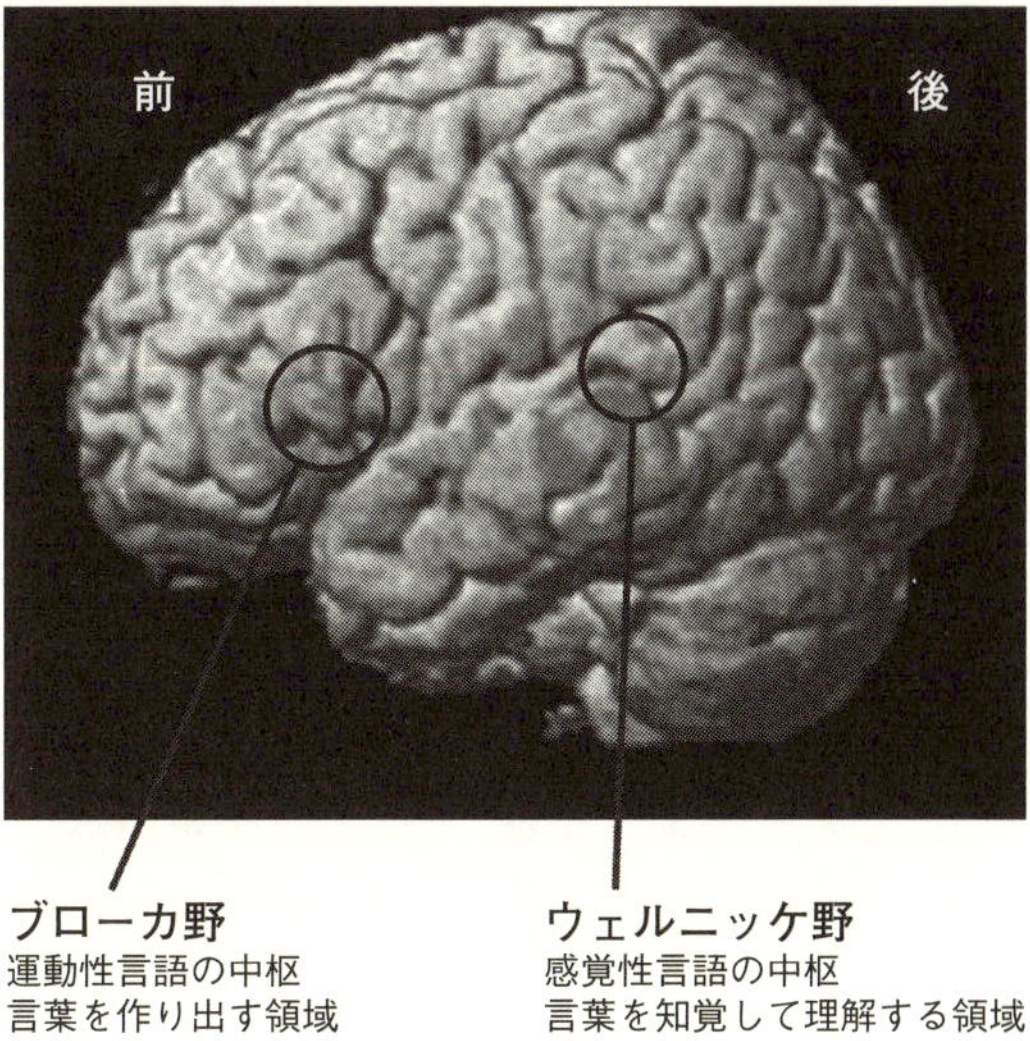

彼らは「文字」と比べる「もの」としてこの世に存在しないデタラメな文字である「疑似文字」を作成し、MRIの中で被験者に見せたのです。

解析の結果、疑似文字を見ている時は先ほど述べた通り、後頭部の領域（後頭葉）が働いていました。そして、**文字を見ている時には後頭葉に加えて、頭の横側にある領域**（図3－1右側、**ウェルニッケ野**と言います）**が活動**していました。

脳卒中などでこのウェルニッケ野が傷ついてしまった患者は言葉を聞いて理解する能力が著しく低下し、話し言葉も言い間違いや意味のない単語を使うことが多くなってしまいます（感覚性失語と言います）。

このように、単純に文字を見ているだけでも、ものを見ている時よりも多くの脳領域が働いているのです。

●単語を見ている時の脳活動

続いて、「アヒル」のように**意味のある単語（名詞）を見ている時には、後頭葉、ウェルニッケ野に加えて、頭の前方の横側辺りの脳領域**（図3－1左側、**ブローカ野**と言います）**が活動して**いました。

ブローカ野が損傷されると、言葉が出てきにくくなり、たどたどしい話し方になってしまいます（運動性失語と言います）。そして右利きの人は左側のブローカ野がより活発に活動していました。実は、言語処理の脳には左右差があることが知られています（言語優位半球と言います）。

ブローカ野が含まれる、ちょうど皆さんのおでこの裏にある脳領域を「前頭前野《ぜんとうぜんや》」と言います。

前頭前野は人間をはじめとする霊長類で特に大きく進化・発達している脳領域です。前頭前野は言語の他にも、論理的な思考、短期記憶、感情の制御、創造・想像力、共感や思いやりなどの機能（高次脳機能と言います）を司っています。

つまり、**前頭前野は人間を知的・理性的な生物たらしめている、言わば脳の司令塔**のような非常に大切な領域です。そのため、私たちの研究チームは特にこの前頭前野を活性化させることを目標とした「脳トレ」の開発を目指してきました。

逆に、余談になりますが、**ゲームやテレビ、スマホなどを使用している時には前頭前野の活動が抑制されてしまう**ことが分かっています。そのため、私たちは「**メディア機器は脳を破壊する**からやめましょう」と声高に警鐘を鳴らしているわけです。

さて、話を戻しますと、意味のある単語を見ている時にも、文字だけを見ている時よりさらに多くの脳領域が活動していることが分かりました。

しかも人間の高次脳機能を担っている「前頭前野」に含まれるブローカ野が活動していました。

読書が脳のトレーニングに効果的である理由が、脳科学的にもだんだん分かってきましたね。

文章を読んでいる時の脳活動

「単語」が組み合わさってできる「文章」を読むためには、文法を理解する必要があります。

Hashimoto & Sakai[*9]はMRIの中で文法を判断させる課題と、文章の短期記憶の課題を実施し、2つの課題時の脳活動を比較しました。

その結果、文法判断をしている時に特異的に大きく活動している「文法中枢」を担う脳領域として、左ブローカ野と左前頭前野背側部《はいそくぶ》を特定しました。

直感的にも明らかですが、やはり文法の理解という高いレベルの認知活動によってブローカ野を含む前頭前野の脳領域が、単純に単語を見ている時よりもさらに強く活性化するということですね。

●本を読んでいる時の脳活動

さらに、「文章」がたくさん組み合わさってできる「本」を読んでいる時には、脳はどのように働いているのでしょうか。

「本」を読むためには、いま読んでいる「文章」の内容を記憶しながら、次の文章を読み進めなければなりません。このように**情報を頭の中に一時的に保存しながら処理をする機能を、ワーキングメモリ（作業記憶）と言います。**

簡単に言うと、ワーキングメモリは脳の中にある「メモ帳」みたいな機能を担っています。この**ワーキングメモリの容量（メモ帳の大きさ）が大きい人ほど、読解力が高いこと**が知られています。

Bungeらの研究[*10]によると、文章をただ読むだけの条件に比べて、文章を読みながら文字を記憶する条件（リーディングスパンテストと言います）では前頭前野の活動が大きく上昇したと報告されています。

そのため、**ただ本をダラダラと読むのではなく、内容や要点を「記憶」しながら集中して読み進めることで、より前頭前野の活性化につながる**と言えます。

本のジャンル別！ 脳が活性化する場所の違い

ひとくちに読書といっても、本の内容は様々です。

例えば、ファンタジーもあれば推理小説もありますし、ポエムだってあります。これら本のジャンルによって読んでいる時の脳活動が違いそうだ、というのは皆さんも直感的に想定されるでしょう。

そこで、本のジャンルによる脳活動の違いについて検討してみましょう。

物語

皆さんは小説などを読んでいる時、物語に没入して主人公や登場人物になりきって読んでいることはありませんか？

Speerらの研究[*11]によると、ＭＲＩで物語を読んでいる時の脳活動を計測したところ、物語の主人公の行動に合わせて、読者である被験者が現実でものを見たり、動いたりしている時と同じ脳領域が活動していたと報告されています。

つまり、小説や物語を読みながら主人公になりきることで、**実際に自分が体験しなくても、脳は体験したと錯覚してしまう**のです。

また、登場人物に共感したり、意図や気持ちを推し量ったりすることもよくありますよね。このような人間の社会性を支える機能を「心の理論」と呼びます。

Gallagherら[*12]はMRIの中で被験者に2つの条件の物語を読んでもらい、そのあと内容に関する質問をしました。

「心の理論条件」では、物語には登場人物がいて、その人物の意図や気持ちを推測する問題に答えてもらいました。

「非・心の理論条件」では登場人物のいない物語を使用し、本文中の内容を問う問題を出題しました。

2条件の脳活動を比較したところ、「心の理論条件」では内側前頭前野、側頭極、側頭頭頂接合部といった、心の理論に関する脳領域の活動が見られたと報告されています。

このように、物語を読むことで脳の「心の理論」領域が活性化し、他人の気持ちを理解する社会性や共感力を養うことができると言えるでしょう。

●ファンタジー

もしも物語がファンタジーのような現実とは明らかにかけ離れた設定であったら、脳はどのように反応するでしょうか？

Hsu[*13]らはファンタジーの代表として、「ハリー・ポッターシリーズ」を取り上げ、実際にＭＲＩ内で被験者に読んでもらい、その謎を解明しました。

ハリー・ポッターの作中において明らかに現実離れしている場面（例えば魔法を使っている場面など）を読んでいる時には、現実的な場面（教室で着席する場面など）を読んでいる時と比べて扁桃体《へんとうたい》、下前頭回《かぜんとうかい》、下頭頂小葉《かとうちょうしょうよう》、紡錘状回《ぼうすいじょうかい》がより強く活動していました。

扁桃体は情動に関わる脳領域で、ファンタジーを読んで興奮したり驚いたり、心が大きく揺れ動いている状態を反映していると考えられます。

下前頭回は情報の統合を担っていることが知られる脳領域で、今回の実験では、非現実的な世界観を理解しようと努める働きを反映していると思われます。

下頭頂小葉は注意ネットワークに属する脳領域で、物語の予期せぬ展開に備えて注意深く読み込んでいる状態を反映していると解釈できます。

紡錘状回は単語の認知に関わる領域で、読解のプロセスを継続させることで物語の不確実性や驚きを解消しようとしていることを反映していると言えます。

このように、ファンタジーを読む時には、感情が強く湧き上がったり、独特の世界観を注意深く理解しようとしたりするため、特異的な脳活動が現れてくるのです。

●推理小説

推理小説のような謎解きや問題解決の要素を含むような物語では、どのような活動が見られるでしょうか？

問題解決には、じっくりと悩んでから答えを導き出す「探索解決」と、ハッと一瞬にして答えをひらめくような「洞察解決」の大きく分けて2種類があります。

Aziz-Zadehら*14は文字を並べ替えて意味のある単語を作る「アナグラム課題」を解いている時の脳活動をＭＲＩで計測しました。

せっかくなので、実際に皆さんにもひとつアナグラム課題を解いていただきましょう。

例えば、「ＩＲＮＢＡ」を並び替えて意味のある単語を作ってみてください。

……できましたか？

正解は「ＢＲＡＩＮ（脳）」です。解けましたか？

彼らは問題を4秒以内に答えられて、かつ「ハッとひらめいた！」という被験者の自己申告があった問題を「洞察解決」と定義しました。対して、回答に4秒以上を要し、かつ「じっくり考えた」という自己申告があった問題を「探索解決」と定義しました。

解析の結果、**「探索解決」をした時には言語プロセスにも関わることが知られる左の島皮質という脳領域が活動していました。**「洞察解決」の時には左右両方の島皮質が活動していました。

つまり、「ハッと思いつく」時には右と左の両方の脳が一気に活性化しているということになります。さらに、「洞察解決」の時だけ特異的に、前頭前野に含まれる右腹側前頭前野と前帯状回にも活動が見られました。

このように、推理小説を読んでいてトリックや犯人が分かった瞬間には、言語処理の領域や前頭前野が一気に活性化することが期待されます。

紙の本と電子書籍、どちらが脳にいい？

現在、スマホ・タブレットの普及に伴い、「電子書籍」が徐々に広まりつつあります。

一方で、特に日本では「読書は紙派」の勢力が根強いとも言われています。

そのような時代背景の中で、「従来の紙の本と電子書籍のどちらが優れているのか？」というのは、皆さん同様、私たち研究者にとっても大きな関心事です。

Mangenら[*15]は、紙のテキストを読んだ時と比べて、パソコンの画面上で読んだ時にはテキストの理解度が低かったと報告しています。

一方で、DunDar & Akcayir[*16]はタブレット端末と紙の本を比較したところ、読む速度と内容の理解度には差がなかったと報告しています。

近年の電子媒体の急速な進化も相まって、現時点で研究結果からはどちらが優れていると言い切ることはできません。

しかし、そもそも紙の本と電子書籍は、それぞれ長所と短所があります。

紙の本に比べて、電子書籍はページをめくったり、本の厚みを感じたりすることができませんから、脳に入る情報量は確実に小さくなっています。そのため、**脳を活性化させるという観点から見れば、紙の本に軍配が上がる**でしょう。

一方で、電子書籍は何より薄くて軽くて大容量という、紙の本が到底敵わない機能的な長所を持っています。そのため、例えば分厚く重いテキストを持ち歩く必要がある時や、中長期の旅行や出張で複数冊の本を携帯したい時などは、紙の本ではなく電子データとして持ち出すといったふうに、電子書籍ならではの活用法があるはずです。

ただし、電子書籍を利用する上で絶対に注意したい点があります。それは、スマホやタブレットなど、電子書籍以外の機能も備えている端末で読書をすることです。

なぜかと言うと、例えばスマホで本を読んでいる途中に友達からメッセージなどの通知が入ったら、皆さんはどうしますか？　おそらく中断して内容をチェックするでしょう。また、少し集中力が途切れてきたと感じた時には、すかさずネットニュースやＳＮＳを見てしまいます。

このような行動を「**メディアマルチタスキング**」と呼びます。多機能のメディア機器には、読書だけに集中できない、メディアマルチタスキングをしやすい状況を作り出す環境が完璧に整ってしまっているのです。そのため、電子書籍は専用の端末で利用するといいでしょう。

脳画像で発見！　読解力が上がるとともに脳神経回路が強化される驚き

ここまで、読書をすると言語機能に関する領域や、前頭前野を中心とした非常に広範囲な脳が活性化することを紹介してきました。

最後に、私たちの研究チームが解明した、日常的な読書習慣が脳の活動のみならず脳の形にも影響を及ぼすという驚きの研究結果（Takeuchiら）[*17]をご紹介します。

私たちは、5・6〜18・4歳の健康な子ども達296名を対象に、「読書習慣」について尋ねました。

「あなたは、漫画や絵本を除く読書の習慣はついているほうだと思いますか」という質問項目に対して、「全くついていない・あまりついていないほう・ややついているほう・かなりついている」の中から最も当てはまるものを選んでもらいました。加えて、読解力などの認知機能を測定する検査も実施しました。

さらに、子ども達の脳をMRIで撮像しました。

この研究では、脳の神経回路の構造を調べるために、通常の脳の形を測る写真の他に、少し特殊な「拡散テンソル画像（DTI）」という画像を撮影しました。この手法の簡単なイメージだけをお伝えすると、**拡散テンソル画像を見ると、脳の領域をつなぐ神経線維の結びつきの強さが分かる**のです。

そして、同じ子ども達に3年後にもう一度集まってもらい、同じテストや検査を実施しました。つまり、このデータには子どもの成長を追いかける時間経過が含まれているため、「因果関係」に言及できるデータということになります。

まずは、読書習慣と読解力テストの成績の関係について解析してみました。追跡調査の前段階で、読書をたくさんしていた子ども達ほど、読解力テストの成績が高いということが分かりました。これは第1章で示した読書習慣と学力の関係性と同じです。

さらにそれだけではなく、追跡調査の前段階で読書をたくさんしていた子ども達ほど、3年後の読解力テストの成績の伸びが大きかったのです。

この結果から、「読書をたくさんすると読解力が上がる」という因果関係があることが示唆されました。ただし、この結果だけは残念ながらギリギリのところで統計的に有意とは言い切れず、有意傾向（p＝.068）にとどまりました。

次に、読書習慣と脳形態の関係についての解析結果を見ていきましょう。

その前に、皆さんにひとつ確認です。言語活動の中枢を担っている脳領域の名前は何だったでしょうか？　2箇所ありましたよね。

いままで再三登場してきているので、皆さん覚えていただいてますよね。言語の中枢はブローカ野とウェルニッケ野が担っていました。

実はこの2箇所と前頭前野を中心とした領域は、脳の内側に広がる神経線維のネットワーク（白質《はくしつ》と言います）によって強く結ばれ、情報が伝達されています。

つまり、この**神経線維ネットワーク**（本研究では弓状束《きゅうじょうそく》、下前頭後頭束《ぜんとうこうとうそく》、後部放線冠《ほうせんかん》）**の結束が強ければ強いほど、情報の伝達が速く言語的な能力は高い**というように判断することができます。

神経線維ネットワークの結束力と言うと少し難しくなるので、脳の神経回路網を車の道路交通網に置き換えてイメージしてみましょう。

例えば、交通量が少ない田舎の道路を想像してみてください。細い道が様々な方向に延びて入り組んでいて、迷ったり遠回りをしてしまったり、カーブが多くてスピードが出しにくかったりしますよね。

それに対して、交通量が多い都会の道路はきちんと整備され、車線の数も増えて広くなり、方向も直線的に揃っていて走りやすくなっています。そして特に交通量の多い大都市間は、たくさんの車がさらに速く走れる高速道路によって結ばれています。

実は**脳の神経回路網も道路交通網と同じように発達成長していく**のです。

子どもの脳では、発達初期に過剰な神経回路が作られます。入り組んだ路地がたくさんつながっている状態です。

その後、情報の交通量が少なく使われていない神経線維の結合はどんどん除去されていきます（シナプスの刈り込みと言います）。

逆に、頻繁に使われて情報の交通量が多い神経線維はどんどん太い束になり、強固な神経回路へと成長していきます。不要な細い道路を閉鎖して、一本の広い道路にまとめていくわけですね。さらに情報の交通量が増えると、神経線維自体の情報伝達速度もどんどん高速化されていきます（神経線維の髄鞘化《ずいしょうか》と言います）。

高速道路のように強化された神経回路では、大量の情報が高速で伝達されるため、それだけ情報の処理速度が速くなります。このように、脳の領域間の情報の往来が多く神経回路が強化されている状態を、神経線維ネットワークの結束力が強い状態であると思ってください。

さて、話を元に戻しますが、このような神経線維ネットワークの結束力、つまりは神経回路の発達具合と関係する数値（FA値と言います）を、MRIで撮像した「拡散テンソル画像」から算出して、読書習慣との関係性を調べてみました。

解析の結果、追跡調査の前段階で**読書をたくさんしていた子ども達ほど神経線維ネットワークの結束力が強く、さらに3年後の神経回路の発達度合いも大きかった**という結果が明らかになりました。

以上の結果をまとめると、たくさん読書をする子どもは読解力が高く、言語中枢をつなぐ脳の神経回路も強化されていました。さらに追跡調査の結果から、将来的にも読解力はぐんぐんと高まり、脳のネットワークもどんどん成長させられるということが脳科学的に証明されました。すなわち、**読書が言語能力に関する脳の神経回路を発達・成長させること**が分かったのです。

本を読むとブローカ野、ウェルニッケ野、前頭前野という脳の大都市間に言語情報が駆け巡ります。

つまり、読書を毎日することで言語能力に関する神経回路網を走る情報の交通量が増大し、脳の大都市間をつなぐ太く強固な神経線維の束による高速道路が開通するというわけです。

ちなみに、一般に言われる「頭の回転が速い」人は、物事を理解するのが速かったり、話の要点をつかむのが上手だったりしますよね。**脳科学的には、読書を通した言語能力に関する神経回路の強化が、そのような頭の回転の速さにもつながる**可能性があると言えるでしょう。

このように、**読書を続けている子どもと続けていない子どもでは、いかに脳に差がつくか**がお分かりいただけるかと思います。読書には、脳の広範囲な活性化だけでなく、脳のつくりや脳の発達成長度合いまでを変える力があるのです。

コラム❸ 読書活動推進の取り組み

平成12年に実施された経済協力開発機構（ＯＥＣＤ）の「生徒の学習到達度調査（ＰＩＳＡ）」によると、「趣味としての読書をしない」15歳児の割合はＯＥＣＤ加盟国平均では31・7％であったのに対し、日本では55・0％となっており、世界的に見ても日本人の「読書離れ」は深刻であると言えます。そのような実情を懸念した日本政府は、21世紀初頭から数々の読書活動推進策を盛り込んだ政策を打ち出し、国を挙げて子ども達の読書活動推進に努めてきました。

政策の大きな柱として、平成13年に「子どもの読書活動の推進に関する法律」を施行し、「子どもの読書活動の推進に関する基本的な計画」を公表しました。計画の基本的な方針は次の3点でした。

①子どもが読書に親しむ機会の提供と諸条件の整備・充実

地域における子どもの読書活動推進の中核的役割を担うことが期待される公立図書館の設置および運営について各市町村に助言や指導を行い、整備を促しました。

さらに、図書資料や移動図書館車の整備、コンピュータ導入による図書館の情報化、児童室の設置、司書研修の充実などを通して、公立図書館のさらなる整備を推進しました。

②家庭、地域、学校を通じた社会全体での取組の推進

乳幼児や小学生の子どもを持つ家庭に「家庭教育ノート」などを配布したり、公民館などで教育講座を開講したりするなど、家庭における「読み聞かせ」の習慣付けの重要性についての理解の促進を図りました。親子の「読み聞かせ」の効果については第4章以降で詳細にご紹介します。

地域においては、図書館や児童館でボランティアを募り、「読み聞かせ」や「お話し会」などを催し、子どもが読書に親しむ契機となるような活動を推進する取り組みの充実を図りました。

学校においては、国語科の授業に加えて、「朝の読書」など読書習慣を定着させるための取り組みをより一層普及させるように推奨しました。また、教育指導に関する研究協議などによって教職員の指導力の向上を図ったり、学校図書館を活用した指導

を充実させたりするように努めました。

③子どもの読書活動に関する理解と関心の普及

「子どもゆめ基金」による助成を行うなど、民間団体の活動を支援しながら「読書週間」などのキャンペーンや、「読書フォーラム」を開催するなど、子どもが読書に親しむ様々な機会を提供することを奨励しました。

「子ども読書の日」（4月23日）を中心として、学校、図書館、地方公共団体、民間団体が連携を図りながら、リーフレットの作成・配布などの事業を積極的に実施するように、全国的な読書活動の啓発広報活動を推進しました。

「子どもの読書活動の推進に関する基本的な計画」は5か年計画となっており、14年の第一次計画から始まり、30年に公表された現状で最新の第四次計画まで、その時代に即した課題を盛り込みながら着実に読書活動を推進してきました。

最新の第四次計画では、第三次計画までの結果を分析し、「中学生までの読書習慣の形成が不十分であること」・「高校生になり読書の関心の度合いが低下すること」・

「スマートフォンの普及等による子どもの読書環境への影響の可能性」の3点を課題として掲げています。

そしてこれらの課題を解消するために、「読書習慣の形成に向けて発達段階ごとの効果的な取組を推進すること」・「友人同士で本を薦め合うなど、読書への関心を高める取り組みを充実させること」・「情報環境の変化が子どもの読書環境に与える影響に関する実態把握・分析に努めること」を施策として盛り込みました。

実はこの最新の計画書が公表された時、本書で取り上げている分析結果が、国を挙げて「いま、まさに知りたい！」と考えて必死に探索している、最先端の科学的なデータであることが分かり、私たち研究者としても非常に嬉しく思いました。


続いて、「第四次・子どもの読書活動の推進に関する基本的な計画」の中で取り上げて推奨されている、子どもの読書への関心を高める取り組みの実例をご紹介していきます。

私（榊）が小学生の頃は、いまや読書活動推進運動の代名詞ともなっている「朝の読書運動」がちょうど始まった時代でした。それから約20年の歳月を経て、読書活動

図　子どもの読書への関心を高める取り組みの実例

読書会	数人で集まり、本の感想を話し合う活動である。その場で同じ本を読む、事前に読んでくる、一冊の本を順番に読む等、様々な方法がある。この取組により、本の新たな魅力に気づき、より深い読書につなげることができる。
ペア読書	二人で読書を行うものであり、家族や他の学年、クラス等様々な単位で一冊の本を読み、感想や意見を交わす活動である。この取組により読む力に差がある場合も相手を意識し、本を共有することにつなげることができる。
お話 （ストーリーテリング）	語り手が昔話や創作された物語を全て覚えて自分の言葉で語り聞かせ、聞き手がそれを聞いて想像を膨らませる活動である。直接物語を聞くことで、語り手と聞き手が一体になって楽しむことができる。
ブックトーク	相手に本の興味が湧くような工夫を凝らしながら、あるテーマに沿って関連付けて、複数の本を紹介すること。テーマから様々なジャンルの本に触れることができる。
アニマシオン	読書へのアニマシオンとは、子供たちの参加により行われる読書指導のことであり、読書の楽しさを伝え、自主的に読む力を引き出すために行われる。ゲームや著者訪問等、様々な形がある。
書評合戦 （ビブリオバトル）	発表者が読んで面白いと思った本を一人5分程度で紹介し、その発表に関する意見交換を2～3分程度行う。全ての発表が終了した後に、どの本が一番読みたくなったかを参加者の多数決で選ぶ活動である。ゲーム感覚で楽しみながら本に関心を持つことができる。
図書委員、 「子ども司書」、 「読書コンシェルジュ」 等の活動	子供が図書館や読書活動について学び、お薦め本を選定して紹介したり、同世代の子供を対象とした読書を広める企画を実施したりする活動である。自ら読書に関する理解を深めるとともに、読書活動の推進役となり、同世代の子供の読書のきっかけを作り出すものである。
子供同士の 意見交換を通じて、 一冊の本を「○○賞」 として選ぶ取組	参加者が複数の同じ本を読み、評価の基準も含めて議論を行った上で、一冊のお薦め本を決める活動である。複数の本を読み込み、共通の本について自身の考えで話し合うことで、自分と異なる視点を知り、自身の幅を広げることにつながるものである。

（第四次・子どもの読書活動の推進に関する基本的な計画より引用）

推進運動もかなりの進化を遂げ、私自身が今の子ども達をうらやましく感じてしまうほど、ゲーム感覚で楽しく読書と触れ合えるような魅力的な取り組みがたくさん実施されているようです。皆さんの中でも「面白そう！」と琴線に触れるものがあれば、ぜひ学校やご家庭で実践してみてください。

読書会

非常にシンプルな取り組みですが、他人と同じ本の感想を共有することで自分とは違う視点に立った読み方や異なる解釈を知ることができます。まさに一冊の本を何冊分にも深く読むことができる有効な取り組みであると言えます。また、自分の感想を他人に披露することで、自分の考え自体もより深まることにつながりますし、他人に自分の意見を分かりやすく伝えるプレゼン力も養うことができるでしょう。

ペア読書

「読書会」のように多人数は必要ないので、比較的気軽に始められる取り組みです。まだ一人で1冊を読み切ることができないような低学年のお子さんと、親御さんや上級生のご兄さんお姉さんがペアになり、読書を補助してあげるような進め方も有効な手段であると言えます。一緒に一冊を読み終えたら、「こんなに分厚い本を最後まで読めたね！　すごいね！」とたっぷりとほめてあげてください。ほめられると子どもは自信がついて、自分からどんどん本を読むようになります。「すごいね！」「偉いね！」は子どもの「やる気スイッチ」を入れる魔法の言葉です。

お話（ストーリーテリング）

まず、「語り手」は物語の持つ意味や主張を理解して自分なりに解釈し、相手に伝えるという高度な読解力を実践的に養うことができます。「聞き手」は「語り手」のフィルターを通ったあとの物語を聞くことで、その背景にある著者の主張に加えて、「語り手」の主張も同時に汲み取るという高度な読解力を鍛えることができます。また、「聞き手」を低学年の子どもが担当する場合は、少し高度な「読み聞かせ」をするくらいの気持ちで、声色《こわいろ》や演技を駆使して、「聞き手」を楽しませながら、本の魅力や読書の楽しさを伝えてあげるといいでしょう。

ブックトーク

一冊の本や一人の主張だけを鵜呑《うの》みにしてしまうのは実は非常に危険なことです。同じテーマに沿った複数の本を読むことは、多角的な視点を養い、メディア・リテラシーを身につけるという点においても非常に有効な手段であると言えます。また、ブックトークのあとに、紹介された同じテーマに沿った本を数人で一冊ずつ読み、後日、それらの内容について語り合う「読書会」を開いても面白いと思います。

アニマシオン

「アニマシオン」という言葉は聞き慣れない方も多いかと思います。アニマシオン(animación)はスペイン語で「魂を活性化する・元気にする」といった意味合いの言葉で、スペインのジャーナリストであるモンセラ・サルトが提唱した集団読書の指導法です。間違い探しやクイズなど、「作戦」と呼ばれる75種類のプログラムを駆使して読解力やコミュニケーション能力を養うことを目指した手法です。

書評合戦（ビブリオバトル）

「ビブリオバトル」も聞き慣れない方が多いかもしれません。京都大学の谷口忠大博士によって考案され、現在は全国大会も開催されるほど盛り上がりを見せている手法です。基本的に高校生や大学生向けの高度な手法ではありますが、プレゼンテーションスキルの飛躍的な向上や、本を通してその人をより深く知ることができるといった効果を見込むことができます。

図書委員、「子ども司書」、「読書コンシェルジュ」等の活動

先生や親のような大人が頭ごなしに「本を読みなさい！」と言っても子ども達はなかなか言うことを聞いてはくれません。一方で、同級生や友達の言葉は往々にして胸に響くものです。また、大人よりも同世代の方が好みや価値観が似ていて、薦めてくれた本が自分にとっても面白い可能性が高いと感じやすいとも言えます。

子ども同士の意見交換を通じて、一冊の本を「〇〇賞」として選ぶ取り組み

本の魅力は様々な観点から評価することができます。ある人は面白い本を魅力的だと評価し、またある人はためになった本を魅力的だと評価することがあるでしょう。その中で、評価の基準を話し合うことは一筋縄ではいかない難しい作業となることが予想されます。協議を重ねていく中で、自分とは異なる評価軸があることを発見したり、意見が対立した時にはお互い譲歩しながら、上手に話し合いで解決していくようなコミュニケーション能力を養ったりするなどの効果が期待できます。

このように、何とかして「読書離れ」を食い止めようと、国を挙げた施策が数多くなされています。そのかいもあって、私たちの仙台市のデータも示していた通り、特に小学生以下の年代においては「読書離れ」に歯止めがかかってきているというデータも徐々に出てきつつあります。この本をお手に取っていただいている皆さんも、まずは身近な子ども達に対して、読書の持つ類まれな効果とその魅力を伝える伝道師となっていただければ幸いです。

第4章

「読み聞かせ」が子どもと大人の脳を鍛える

——将来の学力だけじゃない！ 脳に与える驚くべき効果

ここまでは小中学生にとっての読書の重要性について述べてきました。しかし、子どもが本と関わるのは小中学校だけではありません。胎教として、生まれる前から絵本を読み聞かせてもらった子どももいるでしょう。生まれたあとも、成長して自力で本が読むことができるようになるまで、子どもは家族や親しい大人、年上のきょうだいからの読み聞かせを通じて本と関わります。

子どもが小さい頃に親しむ絵本は、絵がたくさんあって、お話も面白く、ながめているだけで楽しいものが多くあります。このような小さい頃の本との関わりが、子どものその後にどんな変化をもたらし得るのか、というのが本章の関心です。特に読み聞かせという活動に着目して述べていきたいと思います。

幼児期の読み聞かせが「将来の学力」を上げる

平成25年度の全国学力・学習状況検査を中心に作成された報告書[*18]では、小さい頃の家庭での読書活動が、子どものその後に与える影響について示唆的な報告がなされています。

図4-1　家庭での養育者の働きかけが学力に及ぼす影響の程度

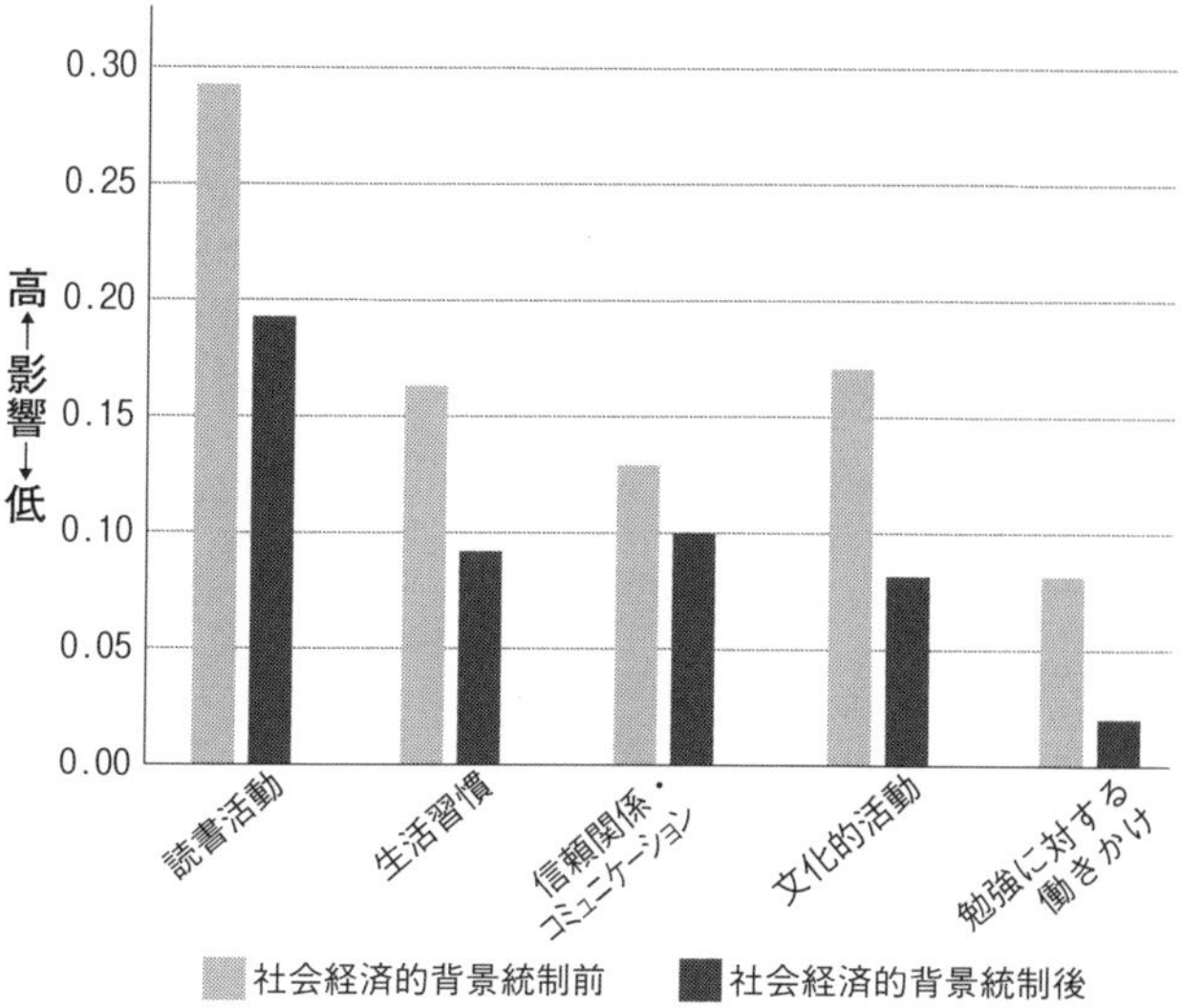

国立教育政策研究所（2014）を基に著者が作成

図４－１は、小学生の学力に、読書や生活習慣、文化的活動といった家庭での活動がどの程度影響しているかを示しています。縦軸が影響の強さの指標であり、数字が大きいほど影響が強いことを意味しています。

図４－１を見ると、家庭での『読書活動』が小学生の学力に一番影響していることがすぐに分かると思います。『読書活動』というと少し抽象的ですが、この報告書では「小さい頃に絵本を読み聞かせした」や「子どもと一緒に図書館に行く」といった、本を読むことに関する保護者の態度・行動を総合して、家庭での『読

書活動』ととらえています。

驚くべきは、**各家庭の社会経済的背景の影響を考慮した場合であっても、小学生の学力に一番影響するのは家庭での『読書活動』である**、ということです。少し難しいので言い換えると、どのような経済・社会的状況にあっても、子どもの学力を高めるには家庭での読書に関する活動を豊かにするのがよいということです。

なお、こうした読書活動と学力との関係は国際的にも認められています。経済協力開発機構（OECD）の報告書[*19]では、調査可能であった14の国と地域のデータが報告されています。それによると、就学後1年間の読み聞かせの量が「毎日」から「週に1、2回」の子どもと、「しない・ほぼしない」「月に1、2回」の子どもの国際学力調査のスコアを比較した場合、**親子の読書が「毎日」から「週に1、2回」の子どもは15歳時点での学力が高いことが**報告されています。

これら報告書からは、家庭で読書環境の整備を進め、子どもが小さい頃から本に親しめるようにすることや、大人が子どもに対して読み聞かせをすることで、子どもの成長に何かいいことがありそうだ、ということがお分かりいただけたかと思います。

「読み聞かせ時間」と「言語発達」の関係

先の部分では、家庭での読書活動が子どもにもたらすものについて、学力を例に述べてきました。他にも読み聞かせとの関連が頻繁に検討されているものとして、子どもの言語発達が挙げられます。

言葉を介して行われる活動である以上、読み聞かせが子どもの言語発達に肯定的な影響を及ぼすことは想像がつくでしょう。そして事実、多くの研究が読み聞かせが子どもの言語発達に寄与することを示しています。

少し古い外国の研究ではありますが、Busら[*20]は、幼児への読み聞かせと幼児の言語発達との関連性についてメタ分析という手法を用いて明らかにしています。

メタ分析とは、それぞれに行われた複数の研究結果をまとめて統計的に解析するもので、比較的根拠の強いデータを出すことができる研究手法です。先行研究の結果を統計的にまとめて、余計なものをそぎ落としたエッセンスを取り出すイメージというと、初めて聞いた方でも、なんとなく根拠がありそうな気がすると思います。

さて、この論文ではメタ分析を行った場合でも**読み聞かせ時間の多さは、言葉の数（語彙）や文字の読み書きの成績のよさと一定の関連があること**が示されました。

また、**読み聞かせ時間の多さが、学校入学後の成績につながること**も指摘されています。

これは先ほど述べた報告書の内容とおおよそ一致する結果であると考えられます。

つまり、読み聞かせが、子どもの言語能力だけでなく、将来の学力アップにつながるという事実です。

子どもの認知機能の発達には、読み聞かせを含む幼児時代の言語環境（家庭における蔵書数や親御さんが用いる言葉の数、コミュニケーション時間など）が大きな影響を与えるのです。

MRIで解明！ 読み聞かせをすると、コミュニケーションの脳が働く

ここからは、主に幼児期の子どもへの読み聞かせの効果について、脳の活動との関係で考察していきます。

大人が子どもに絵本を読み聞かせる際の脳活動と、単純に読む際の脳活動では、活動する脳領域が異なりそうだ、というのは予想がつきます。

そもそも、「読み聞かせ」と「読む」では、本の読み方にどのような違いがあるのでしょうか。

- 話の筋を、相手に分かりやすく伝えるように読む
- 登場人物の気持ちになりきって感情を込めて読む
- 相手が話を理解できているかや、楽しめているかを察する
- 相手の反応によって、読み方を少し変える。

私がぱっと思いついたのはこのくらいですが、立場によっていろんな意見があるにせよ、読み聞かせは、①読むことより複雑で②読み聞かせる相手のことを考えながら読む作業。単純に読むという読み方でなく、程度の差こそあれ、本という素材を通して大人と子どもが双方向にコミュニケーションをするわけです。

読み聞かせを行う際、読み手（大人）は相手がよりよく話の内容を理解したり、あるい

は楽しめるように工夫をします。

それは、子どもが内容を理解しているかを推測したり、どんな感情的反応を示しているかを観察し、場合によっては読み方を変更するといった、高度な心の働きを含んでいることを意味します。

また聞き手は、お話を受け取ることでさまざまな反応を読み手に返します。歓声のように言葉もあれば、面白そうな表情や、退屈そうな姿勢のように言葉によらないものもあるでしょう。そうした聞き手の反応がメッセージとなって、読み手の新しい反応が引き出されて、読み聞かせ場面における「やりとり」が続いていきます。

このように、ごく自然に行われているコミュニケーションですが、複雑で多様な要素を含むことが分かります。

そのため、脳の特定の部分のみが働くのではなく、様々な領域が関連しあうことで、私たちの日常のやりとりが支えられています。

さて、前置きが長くなりましたが、本題に戻りましょう。「コミュニケーション」をしている時に、脳がどんなふうに働くかです。そして、コミュニケーションに関わる脳活動を理解することは、読み聞かせに関する脳活動を理解するのにも役立つでしょう。

私たち東北大学のグループで行われた研究（Jeongら）[*21]では、青年と成人を対象に、MRIを用いてコミュニケーションに関わる脳の領域をとらえることに成功しました。

もちろん、実際にMRI内に二人で入ってもらって会話をするなどのやりとりをしたのではありません。MRIに入った経験がある人ならご存じのように、MRIは撮像中にとても大きな音を出し続けるので、少し工夫をしないとやりとりはできないのです。

そこで、この研究では次の2種類の異なる映像を用いて、実際のコミュニケーションに関わる脳の領域をとらえる実験をしました。
①ビデオカメラを通じたリアルタイムの映像で人から質問をされる場合（直接条件）
②あらかじめ録画された映像で人から質問される場合（間接条件）
質問は「若者のマナーが悪くなっているという人がいますが、あなたはどう思いますか」といったもので、MRIの中で参加者は映像の人物からの質問に返答をします。
①の直接条件（リアルタイム）では、質問をしたあとも、質問者は参加者の回答を聞いています（追加の質問はしません）。②の間接条件（録画）では、質問終了と同時に映像が止まり、静止画像に向かって参加者は回答を行います。

加えて、日本語で質問した場合と英語で質問した場合、つまり用いられる言語が変わることで、直接条件・間接的条件下でのコミュニケーションに関わる脳領域が変わるかにも焦点を当てました（参加者は全員日本語が第一言語で、英語を学んだことがある人たち）。「直接条件の方が、聞いている相手がいる分、コミュニケーションに関わる脳活動が起こりそうな気がする」

と思いませんか。条件によって、関わる脳活動が異なることが予想されます。そこで、直接-間接条件間（加えて日本語の場合か英語の場合）において脳の活動を比較することで、実際の相手とコミュニケーションをすることに関わる脳活動を推測できるのです。

この研究で用いた課題で行う作業は、読み聞かせではありません。しかし、相手にどう伝えればいいか考え、声にするというのは、読み聞かせにもかなり共通する作業が含まれるのではないでしょうか。

では、さっそく結果を紹介します。図4-2は、日本語で行われた直接条件と間接条件と、英語で行われた直接条件と間接条件の合計4条件の脳活動を比較したものです。

大きく3つの領域において、条件による脳活動の違いが見られます。すなわち前頭葉の内側部（図(c)）と、左右の上側頭溝（図(a)(b)）と呼ばれる部分です。

図4-2　コミュニケーションに関わる脳活動の例

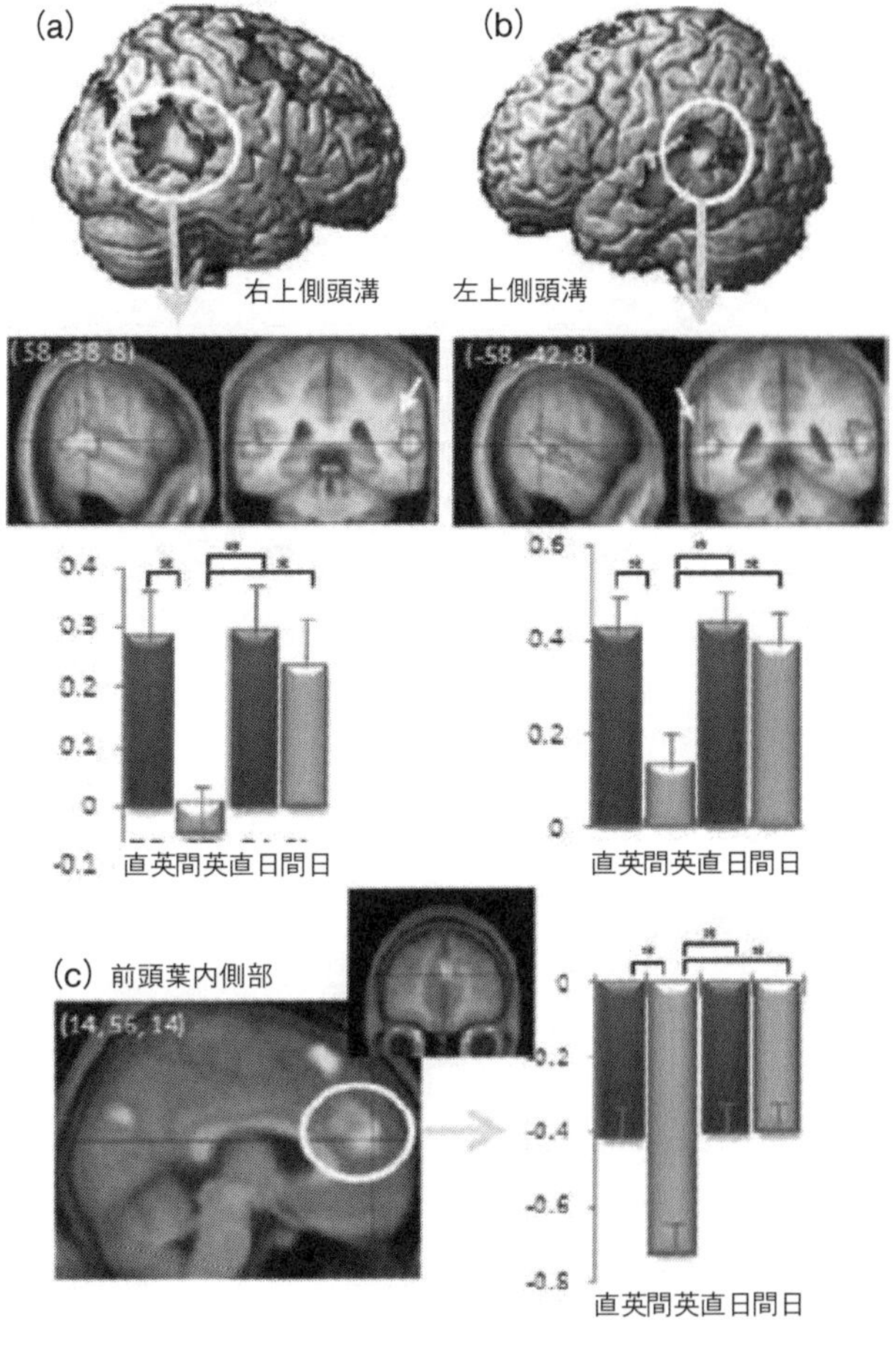

直：直接条件　間：間接条件　英：英語　日：日本語
Jeong et al.(2011)Figure3を基に著者が作成

前頭葉の内側部は、脳の前方部分でも、中心のあたりで、左半球と右半球が向かい合わせになるあたりの部分です。前頭葉内側部は相手の意図の理解やコミュニケーションへの参加、自分の心の状態の認知といった多様な働きに関係しています。この領域が活動を強めたのは、直接条件では相手が存在しているため、参加者がどういうふうに相手に関わろうか、様々考えを巡らせたからですね。

また、左右両半球の上側頭溝という領域は、多様な活動に関連する領域です。例えば言語の理解や表出といった言葉に関わる活動もあれば、表情や視線といったコミュニケーションにおいて切り離すことにできない要素に関する処理にも関わります。

図４－２の棒グラフは、それぞれの条件における先の領域の脳活動を示しますが、数値が低下しているのは「英語における間接条件」のみであることが読み取れます。

「直接条件と間接条件では、直接条件の方で脳活動が大きい」という予想に反して、日本語で行われた直接条件と間接条件ではあまり脳活動に違いが見られませんでした。

当然、疑問に思いますが、Jeongらの考察によると、日本語は英語よりも熟達しており自動的に行うことができるので、コミュニケーションにも力を使うことができたが、英語の場合、言葉を発することそのものに力を使いすぎてしまって、特に間接条件のように自然なコミュニケーションではない場合に、視線や表情といったヒントを読み取るといったコミュニケーションの各要素に力を使うことが難しかったということです。

さて、もう一度、図4－2をよく見ると、前頭葉をはじめとする脳の内側の部分と、側頭葉の付近に活動が見られます。

これらの領域には、コミュニケーションに関連する領域が含まれていることが分かっています。

言い換えると、**相手のことを考えたり、自分のことを考えてコミュニケーションする際には、脳のセンターラインの内側の部分や、側頭葉といった領域に活動が見られることが多いのです。**

この研究はあくまで一例でしかないのですが、様々な部位がコミュニケーションに関連していて、多様な機能を担っています。

神経科学ではこうした**脳の各部位の活動や領域間の接続が豊かなものになると、コミュニケーションもスムーズになる**と想定されています。

読み手の大人の脳活動、聞き手の子どもの脳活動の違い

今度は、読み聞かせに関する脳活動を見ていきましょう。

読み聞かせは一人でできるものではありません。本を読む人と読み聞かせを聞く人の最低二人が必要です。多くの場合、前者が大人で後者が子どもになるでしょう。したがって大人の「読み聞かせる脳活動」と、子どもの「読み聞かせを聞く脳活動」を分けて考える必要があります。

以降のパートでは『読み聞かせは心の脳に届く』（泰羅雅登著）[*22]を基に、読み聞かせをする親御さんの脳活動と、それを聞く子どもの脳活動についての知見をご紹介します。

読み聞かせをする大人の脳活動

読み聞かせは、子どもの脳の発達によい影響を与えるだけではありません。読み聞かせをしている大人の脳にも特徴的な脳活動を引き起こすと考えられます。

泰羅たちのグループは、ＮＩＲＳ（ニルス）と呼ばれる手法を用いて、読み聞かせを行う母親の脳活動を分析しました。

ＮＩＲＳは日本語で近赤外線スペクトロスコピーと言います。この手法を極めて単純に説明すると、頭部にセンサーをつけ、その部分の下にある脳の表面の活動を推測するというものです。

センサーからは人体に無害な近赤外光が照射され、脳表を経由して受信部に届きます。脳が活動する際に流れ込む血流に含まれる物質が近赤外光を一部吸収するため、どのくらい照射した光が吸収されて帰ってきたかの程度から、脳の活動を推測できるのです。

ＭＲＩのように大型の機械に入る必要がない、というのがこの手法の大きな強みです。したがって、日常の場面で自然にコミュニケーションを行ってもらいながら脳の活動をとらえることができます。

これだけだと大変便利な技術のように思えますが、やはり弱みもあります。代表的な弱みはＭＲＩと比べて、活動している脳の部位を大まかにしか特定することができないことや、脳の深部の活動に焦点を当てることができないことです。様々な神経イメージング技術がありますが、一長一短があるのです。

本題に戻りましょう。母親の頭部にセンサーをつけ、読み聞かせをしてもらうと、どのような脳活動が観察されたでしょうか。

結果、単に音読をしている時よりも、**読み聞かせをしている時に母親の「前頭葉」が強く活動していた**ことが分かりました。そして前頭葉でも、特に中心付近の活動が強くなっていることが明らかになったのです。

先に述べた通り、前頭葉、特にその中心付近は相手の心のことを考えることなど、コミュニケーションにも関連する代表的な領域の一つです。

通常の音読と比較して、読み聞かせを行った際に前頭前野の内側部付近の活動が活発であったということは、母親が子どものことを考えたり、感情を込めて読み聞かせをしているからであると泰羅は述べています。

●読み聞かせを聞く子どもの脳活動

泰羅たちのグループは、母親の読み聞かせを聞いている子ども達の脳活動について、MRIを用いて研究をしています。

この研究では、母親が読み聞かせをしているビデオを見た場合と、その母親の読み聞かせを逆回しにして聞いた場合の脳活動を比較して、読み聞かせを聞いている時に特徴的な脳活動を明らかにしました。

2つのビデオは、映像はほぼ同じですから、見ることに関わる脳活動は大きく変わらないでしょう。明らかに異なるのは、ビデオから聞こえてくる音が、読み聞かせか、そうでないか、ということです。

結果、逆さ回しの読み聞かせビデオ、つまり意味のない音を聞いている時と比べて、読み聞かせのビデオを聞いている時は、大きく2つの違いがありました。

まず読み聞かせのビデオを見ている時に左の「側頭葉」に大きな活動が見られました。加えて、喜怒哀楽に関わる「大脳辺縁系」と呼ばれる脳の深部においても強い活動が見られました。

読み聞かせによって活発に働いた「側頭葉」には、コミュニケーションの中でも、特に「聞く」ことに関係する部位が集まっています。

「大脳辺縁系」は扁桃体や海馬を含む、脳の深部にある感情反応や記憶に関わる領域の集まりです。

これらの結果から、読み聞かせは脳の「聞く力」や感情や記憶に関わる領域を活発に働かせることが分かりました。

この大脳辺縁系の活動は、当たり前のようでいて興味深い点でもあります。というのも、MRIの中で、音読あるいは逆さ回しの音声を聞くという同様の課題で、読み聞かせが母親によるものではない場合の幼児の脳活動を検討した研究があります（Ahmadら）[*23]。

この研究では聞くことに関する左の側頭葉（上側頭回や中側頭回）の活動は報告されていますが、泰羅たちの報告にあるような大脳辺縁系の活動は示されていないのです。

この対比からも示唆されるように、**単なる音声ではなく、近しい大人の心のこもった読み聞かせが、子どもの聞く力や感情に関する脳活動の活性化を促す**ことにつながると考えられます。

つまり、いくら読み聞かせがいいと言っても、**スマホの読み聞かせアプリや朗読ＣＤなどではその効果は半減してしまう**ということです。子どもの感情や情操面の発達には、親しい大人の肉声で読み聞かせをすることが大切なのです。

子どもの聞く力と脳の発達

ところで、側頭葉は「聞く」ことの中枢です。そして幼児期の子どもの聞く力は、まだまだ成長途上です。文章が長くても、聞き取りは難しくなります。例えば、「食べられる」など受動文のように少し複雑な文を聞いて理解することは、年長児であっても混乱につながる場合があります。

中川ら[*24]は、受動文を十分に理解することができるのは、驚くことに年少・年中児であれば1割程度、年長児でも3割と報告しています。小学生1・2年生であっても7割に届かない程度です。文法的知識を用いて、少し複雑な文章を理解できるようになるには、児童期を含めた長い時間が必要になります。

実は、この**文法的知識の利用は、側頭葉や下前頭回が関連している**と言えます。

幼児と大人の文法的知識の利用に関する脳活動を比較した際、幼児の方がこの脳領域の過大な活動を示していることを表す研究があります（Brauer and Friederici）[*25]。子どもは多く脳を活動させ、聞こう聞こうと力を使いますが、大人はそのあたりの処理が自動化されているので、活動が小さくなります。

日常生活では、大人は子どもに対してついつい難しい言葉で話しかけてしまうことがあります。しかし年齢相応の絵本を用いて読み聞かせを行っている分には子どもの聞く力はあまり問題にならないかもしれません。文章も配慮されていますし、絵のサポートもあるので、お話自体の理解は損なわれにくいです。たくさんの言葉が子どもに吸収されていくでしょう。

一人で読むことが十分にできない段階の子どもは、大人から聞かされた言葉、文章、お話を聞いて学ぶ段階であると言えます。言葉はもちろん、子どもが理解できて、楽しいお話をいっぱい聞かせることは、子どものその後の読書や本に関わる活動を支えていくのです。

読み聞かせで鍛えられる脳

読み聞かせという活動を行う時、私たちの脳に何が起きているのかをまとめましょう。

大前提として、読み聞かせを行う大人の側にも、読み聞かせを受ける子どもの側にも、単純に読んだり聞いたりする時と比べて多くの脳活動が生じます。

大人の側では、脳の司令塔で、知性を司る「前頭葉」に大きな活動が生じていることが示唆されました。これは相手（本の登場人物や読み聞かせている子ども）の気持ちを考えたり、感情を込めて本を読んだ結果なのではないかと解釈できます。

また、子どもの側では、言語発達に関わる「側頭葉」や感情を司る「大脳辺縁系」に大きな活動が見られました。大人の言葉をよく聞いて理解しようとしていることや、お話を通じて生まれた感情反応を表していると考えられます。読み聞かせに親子のふれあいや言語能力を含む認知発達を促すことを期待する親御さんは多いと思いますが、読み聞かせを聞いている子どもも、親の願いに沿った脳活動を示しているわけですね。

コミュニケーションには多様な脳の領域が関連しあいます。読み聞かせを通じて言語、感情、そして他者の心の状態についての理解といった社会的認知に関する様々な脳の部位の活動を起こし、その協調を促すことは、広い意味で子どもの成長を支え、言語発達やその後の学力、ひいては自己実現に寄与するのではないかと思います。

読み聞かせの効果は、一般に言われている以上にものすごい力を秘めているというわけですね。

コラム4 もう一つの読み聞かせの意義

「読み聞かせ」の意義は、脳の発達面に限りません。ここで、いくつかの研究の紹介を通して、子どもや大人が読み聞かせという活動に見出す意義を整理しておきます。これは、読み聞かせと脳との関係を理解することにも役立つはずです。

読み聞かせの意義：大人（母親）の場合

秋田・無藤[*26]は年少から年長の幼児の母親を対象に質問紙調査を行い、結果から読み聞かせに母親が感じる様々な意義を大きく二種類に集約しました。

第一の意義は、「文字を覚えさせるため」や「ことばをふやすため」といった文字や知識の習得であり、そして第二の意義は「子どもが空想したり夢をもてるようにするため」や「本を通して親子のふれいあいができる」といった「空想・ふれあい」に関するものでした。

第一の意義は、先の部分で紹介したような、子どもの認知発達を促したいという願いに関するものと考えられます。子どもの認知発達の促進といった意図を持って、大人による読み聞かせが行われているのは確かである、ということが分かりますね。

第二の意義は、文字や知識の習得といった読み聞かせの「結果」ではなく、読み聞かせの「過程」で得られるものです。絵本の読み聞かせを通して母親が子どもと関わり、楽しむことを求めていることを示していると解釈できます。当たり前の話に思われるかもしれませんが、この調査結果から、読み聞かせをする大人は、子どもの認知発達だけではなく、子どもとふれあい、絵本の世界を一緒に共有し、楽しむことを求めていることが分かります。

読み聞かせの意義：子どもの場合

次は、子どもの側に立った場合です。子どもはどのように読み聞かせを受け取り、どんな意義を見出しているのでしょうか。

秋田[*27]は漫画やテレビゲーム・勉強といったいくつかの活動と比較をした調査結果を基に、幼児が読み聞かせなどの読書に見出す意義について述べています。

シンプルにまとめてしまうと、**子どもにとって絵本の読み聞かせなどの読書は「一緒にできて」「大人からほめられる」活動である**というものでした。少し意外な結果のようにも思われるかもしれません。

もちろん、子どもたちは、絵本を読んだり読み聞かせをしてもらって、ストーリーの面白さや絵本そのものの魅力、言葉や文字を知る喜びを感じることができます。

秋田はそれだけでなく、**本を読むことを通じて、子どもは親をはじめとする大人、そして社会から受け入れられているという感覚を得ていくことを示唆しています。**

秋田が報告した調査の対象は、文字が読めるようになっていく年中・年長の幼児が中心でした。意義を聞こうとすると、どう言い換えても質問は抽象的になってしまい、子どもが答えることが難しくなっていってしまうためだそうです。おそらく、もう少し小さな子どもの場合は、読みの獲得という意義というよりは、大人と子どもが一緒に本を楽しむという意義が強まるのではないでしょうか。

このように、幼児期から就学後間もない児童に対して「読み聞かせ」という形で大人が関わることは、子どもの発達に対して、いかによい影響を与えるか、お分かりいただけたかと思います。

絵本の読み聞かせが子どもの心を豊かにすることは広く知られていますが、**感性や想像力だけでなく、子どもの心の基盤となる「自己肯定感」を高める**と言えるでしょう。

コラム⑤ 子どもの読みの発達

子どもの読みの発達を押さえておくと、子どもが読む本を選ぶうえで参考になります。また同じ本の読み聞かせでも、いつもと違う読み方を考えるのに役立つでしょう。話の筋を伝える、というやり方ではなくて、子どもが興味をもった本の文字を読むクイズのような読み方もできるわけですね。

Frith[*28]によると、幼児期の読みは大きく二段階で変化していきます。

第一段階では、見慣れた単語をロゴとして覚える段階です。この段階では、見慣れた単語をロゴとして覚えて読んでいる段階なので、単語としては読めますが、その一字一字は何と読むのか分からない段階です。

例えば「りんご」を読むことができても、「り」「ん」「ご」のそれぞれの字はまだ読めないということですね。繰り返しですが、この段階では、子どもがよく見る単語しか読めませんし、まだ見慣れない単語は読むことができません。

次第に子どもは文字と音が対応していくようになります。りんごの例でいくと、「り」「ん」「ご」のそれぞれを何と読むかが分かりはじめます。これが第二段階で一文字一音の対応がついてくる段階です。

この段階が進んでくると、知らない単語や、あまり見慣れない単語であっても、文字と音との結びつきについての知識を基に読むことができるようになります。

ひらがなの読み自体は就学前にほぼ完成しますが、文字が読めることは、必ずしもお話を理解できることと同じではありません。大人の場合であっても、読みにくい文章のせいで理解が妨げられることがあるように、文字を読むことに力を使う時期は、まだお話を理解することに力を使うのが難しいのです。年長さんともなると、少し難しい絵本にもチャレンジできるようになってきますが、まだまだ読み聞かせという形で大人の助けを必要とします。

そして少し先になりますが、小学校も中学年頃になっていくと、いわゆるまとまり読みができるようになってきます。そうなると、読みの様相は大人とあまり変わらなくなっていきます。

第5章

親子関係を変える「読み聞かせ」力

――スマホ育児より絵本タイムが子育てをラクにする

先の章では、広い意味での幼児期の読書、特に読み聞かせに着目し、これが言語・感情・社会性の側面から子どもの脳と心の発達を促すことを述べてきました。

そして幼児期の読み聞かせは、子どもの将来を左右するほどよい影響を与えることも分かりました。具体的には、幼児期の読み聞かせの量と就学後の学力の高さは関係があること、特に、子どもの言葉の数が増えたり、文字が読めるようになるといった言語発達との関連についても紹介しました。

一方で、読み聞かせの効果は、子どもだけではないことも述べました。読み聞かせをしている大人の脳は、通常の本を読む反応を示すだけでなく、コミュニケーションに関わる脳領域が働きます。

子どもの反応を見ながら「本の読み方」を工夫したり、子どもに気持ちを込めて伝えたり、絵本の世界を一緒に楽しんだり……。対する子どもも、コミュニケーションの「聞く力」や感情に関わる脳が活性化することが示唆されています。

これらのことを踏まえると、読み聞かせを行うと、言語発達を中心とした認知発達だけではなく、大人と子どもの関係性に変化が生じることが想定できます。

例えば読み聞かせを行うことで、子どもの言葉の力が高まる、そして変わっていく子どもを見て大人の子どもへの認識が変わる。お互いにポジティブな方向に変化していくので関係がスムーズになる、といったようなものです。結果として両者のストレスが下がるといった変化が起きるかもしれません。

こうした流れを経験的に理解されている方もいるでしょう。しかし、このような読み聞かせを通じての親子関係の変化には、今までの研究ではあまり焦点が当てられていなかったのです。

いま注目の「非認知能力」のベースには、親子関係があった

「今さら何を……親子関係が重要なのは当たり前じゃないか」と思われる方もいるかもしれません。しかし、子どもと親の関係に焦点を当てることは今なお重要なことです。

実は近年、**「社会情動的スキル」**、あるいは**「非認知的能力」**と呼ばれるものへの注目が高まっています。

「社会情動的スキル」「非認知的能力」と聞いただけでは何のことか分かりにくいですが、

いわゆる**学力や知能指数（ＩＱ）のような、相対的に認知的な能力（認知的スキル）でないもの**、とするとイメージしやすいのではないでしょうか。

経済協力開発機構（ＯＥＣＤ）[*29]によると、社会情動的スキルとは、大きく三種類のスキル群から構成されると想定されています。

すなわち、忍耐力や自己抑制といった目標を達成することに関するスキルや、社交性や思いやりのような他者との協働に関するスキル、自尊心や楽観性といった感情のコントロールに関するスキルといったものです。

そして重要なのは、これらの社会情動的スキルが認知的スキルの獲得を支え、それが新たな社会情動的スキルの獲得を支え、また新たな認知的スキルが獲得され……というように、社会情動的スキルと認知的スキルが支え合って、子どもの発達相応のスキル獲得を支えていくと考えられるようになってきたことです。これが「スキルがスキルを生む」という状態です。逆に言えば、認知的スキルだけ、あるいは社会情動的スキルだけ、というアプローチでは偏りが生じてしまうということです。

この「スキルがスキルを生む」という考え方に基づいて、世界各地で子どもへの早期介入プログラムの開発が進んでいます。これは言い換えると、発達早期の段階で子どもが年齢相応の社会情動的スキルを獲得できるように援助することで、その後、子どもが様々なスキルを獲得していくことが助けられるということでしょう。

もちろん、こうした「早期教育」が子どものその後を決定する、とまでは断言できるものでないでしょう。個別ケースでは、発達過程のどのタイミングでもつまずく可能性がありますし、逆に追いつく人もいるかもしれません。しかし統計的な観点からは、社会情動的スキルの獲得に向けた早期の教育的介入が子どもの将来に肯定的な影響を与えるカギである、と認められつつあります。

では、この「社会情動的スキル」「非認知能力」を伸ばすために、幼児期の子どもに対して、家庭ではどんなことができるでしょうか。

様々なことが示唆されていますが（例えば国立教育政策研究所の報告書[*30]）、大きくまとめてしまうと、親子の温かなコミュニケーションがある、と言えます。

最近、よく言われるように、**親子の情緒的絆（愛着）は、幼児期の対人関係発達の基盤になります**。その基盤は、保育者のように親ではない大人と安定した関係を築くことにつながります。

幼稚園や保育園などで同年代との集団活動や、ルールのある遊びなどの経験を通して、子どもはその年代における社会情動的スキルの基礎を得ていきます。また、親や他者とのコミュニケーションは、言語発達という形で認知的スキルの獲得につながります（関連する研究をあとの章で述べます）。

年齢が上がるにつれて、子どもの一人読みが増え、大人の「読み聞かせ」頻度は減っていく傾向にあります。

しかし、先に述べたＯＥＣＤの報告書の結果などを踏まえると、たとえ文字が読める**幼児期の後期であっても、さらに児童期であっても、「読み聞かせ」という親子のコミュニケーションは有用です。**

「もう一人で読めるから」「インターネットの動画サイトに夢中だから」と、いつも寝る前に読み聞かせをしていた習慣をやめてしまうのはもったいないわけです。読み聞かせを通して大人が子どもに関わり、コミュニケーションをすることで、「社会情動的スキル」「非認知能力」の高い子が育てられるのです。

読み聞かせと親子関係の変化についての調査

読み聞かせは、子どもが絵本を持ってきたり、大人がふと思いつくことで「自然」に始まるごくありふれた活動です。一方、例えば子どもの就寝前に行う、おやつを食べたらするといったように、読み聞かせは「習慣」として取り入れることも容易です。ですから、読み聞かせを習慣化することで親子の温かなコミュニケーションを増やしていくための一助となるのでは、と考えられます。

多くの親御さんや、育児や保育に関わる大人たちは、読み聞かせのもつ「効果」を経験的に実感していることでしょう。しかし、先に述べたように、従来では読み聞かせと言語発達についてはさまざまな研究がある一方で、読み聞かせが子どもをどう変えるか、親をどう変えるか、親の子どもへのとらえ方が変わるのか、といった側面はあまり明らかにされてきませんでした。少なくとも日本では、こういった側面をある程度まで包括的に調査した知見が見当たりません。

そこで私たちは、幼児とそのご家族を対象に、読み聞かせを通しての子どもの認知発達の変化はもちろんですが、親の子どもへのとらえ方がどう変わるかや、子ども自身の問題がどう変わるかについての調査を行いました。

従来とらえられてきた子どもの言語発達に加え、「問題行動の程度」をとらえることにし、さらに「親の育児ストレス」という形で親の子どもへの認識を明らかにしたわけです。

この調査は、山形県長井市と東北大学のグループとの共同研究で、約40組の幼児とその家族にご協力いただき、約8週間、家族の方に毎日のお子さんへの読み聞かせを記録してもらいました。

記録してもらった内容は、毎日、「誰が、どのくらい（分数）、何冊読み聞かせたか（読んだ本の例も）」とシンプルな〝量〟に絞りました。

どんなふうに読み聞かせたか、どの本を読み聞かせたか、子どもの反応はどうだったか、といった読み聞かせの〝質〟に関わることを記入してもらうと、内容が長く、複雑になってしまいます。長期にわたって記録をしてもらうご家族に極力負担をかけないため、質問は最小限のものになったのです。

関心があったのは、8週間にわたって読み聞かせをする前と後で、母親の養育ストレスや幼児の言語発達、問題行動がどのように変化するか、またそれは読み聞かせとどう関連するかということです。

結果は次項以降で示しますが、回答の欠損などの理由から解析にデータを用いることが難しかった約10組を除いたものになります。

「読み聞かせの時間」に比例して「育児ストレス」は低下する！

まず、参加した親、特に「母親のストレス変化」から述べていきます。

この調査では「育児ストレスインデックス（PSI）」[*31]と呼ばれる心理検査を用いて、母親がアンケートに回答する形式で実施しました。

その結果、読み聞かせの記録をつけていただいた8週間の前と後で、全般的な母親の子育てストレスは低下していることが分かりました。

特に子どもの行動に対して母親が感じるストレスが減っているということが明らかになったのです（図5－1）。

図を見ると、母親自身の要因（例えば健康状態）で感じるストレスも微妙に減っているように見えますが、統計的には差があるとは言えません。それよりも、子どもの行動に対して母親が感じるストレスが低減しています。

これは、例えば子どもが言うことを聞かないために、母親が嫌な気持ちになるといったストレスを表します。

細かく見てみると、特に子どもの機嫌の悪さや、落ち着きのなさ、新しい刺激への慣れなさといった側面が原因となって生じる母親のストレスが少なくなっています(図5－2)。

つまり、母親は、読み聞かせの結果、子どもの気持ちや行動が落ち着いて、新しい場面であってもじっくりと取り組んだり、あるいは振る舞ったりできるようになったと感じたのではないかと推測できます。

しかし、この結果だけでは、まだ「読み聞かせをしたから母親のストレスが減った」と結論づけることができません。なぜでしょうか。

仮に日誌で記録してもらった間の読み聞かせの量と、その前後での母親ストレス減少の度合いに関連がなかったとしましょう。その場合は読み聞かせではない「何か別の原因」によって、母親のストレスの変化が生じたことになってしまうからです。

そこで次に、親御さんのストレスの変化は、読み聞かせの量と関係があったのかを検討

図5-1　母親のストレスの低下

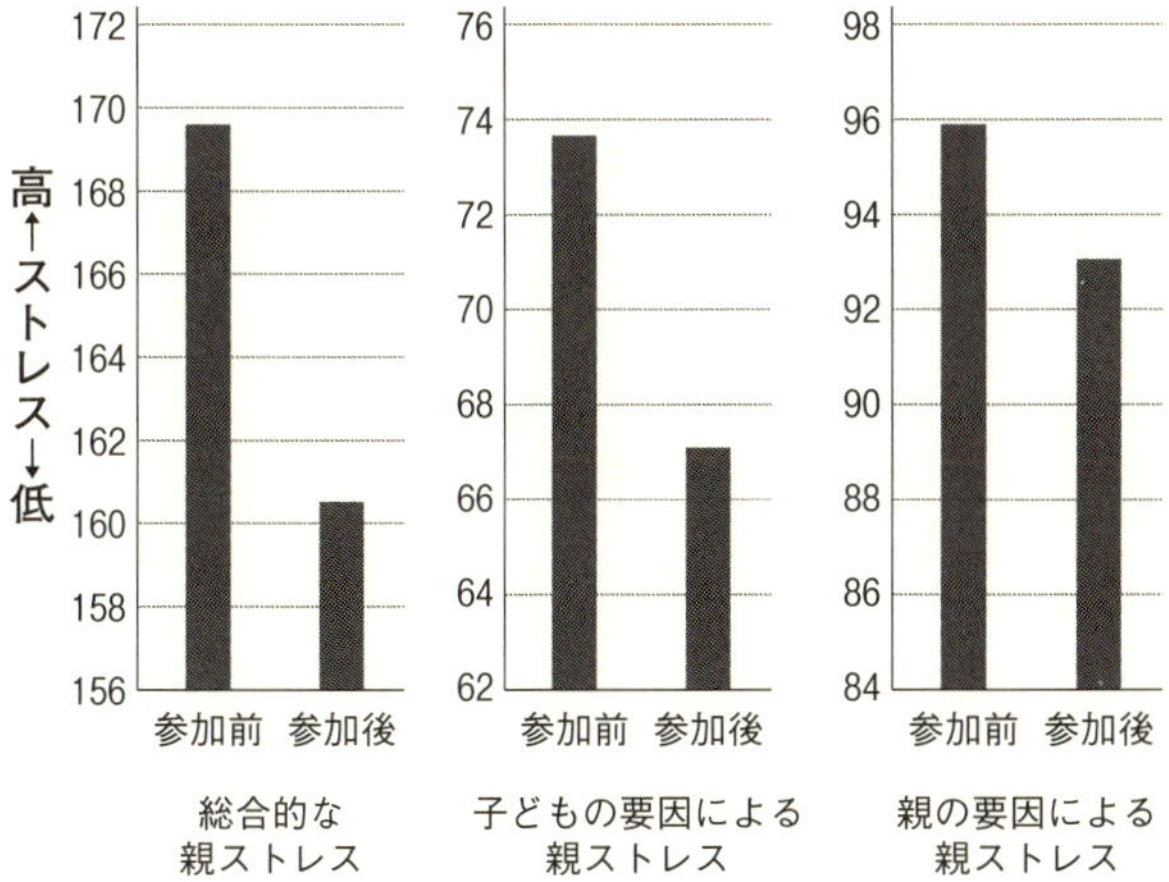

図5-2　親から見た子どもの変化

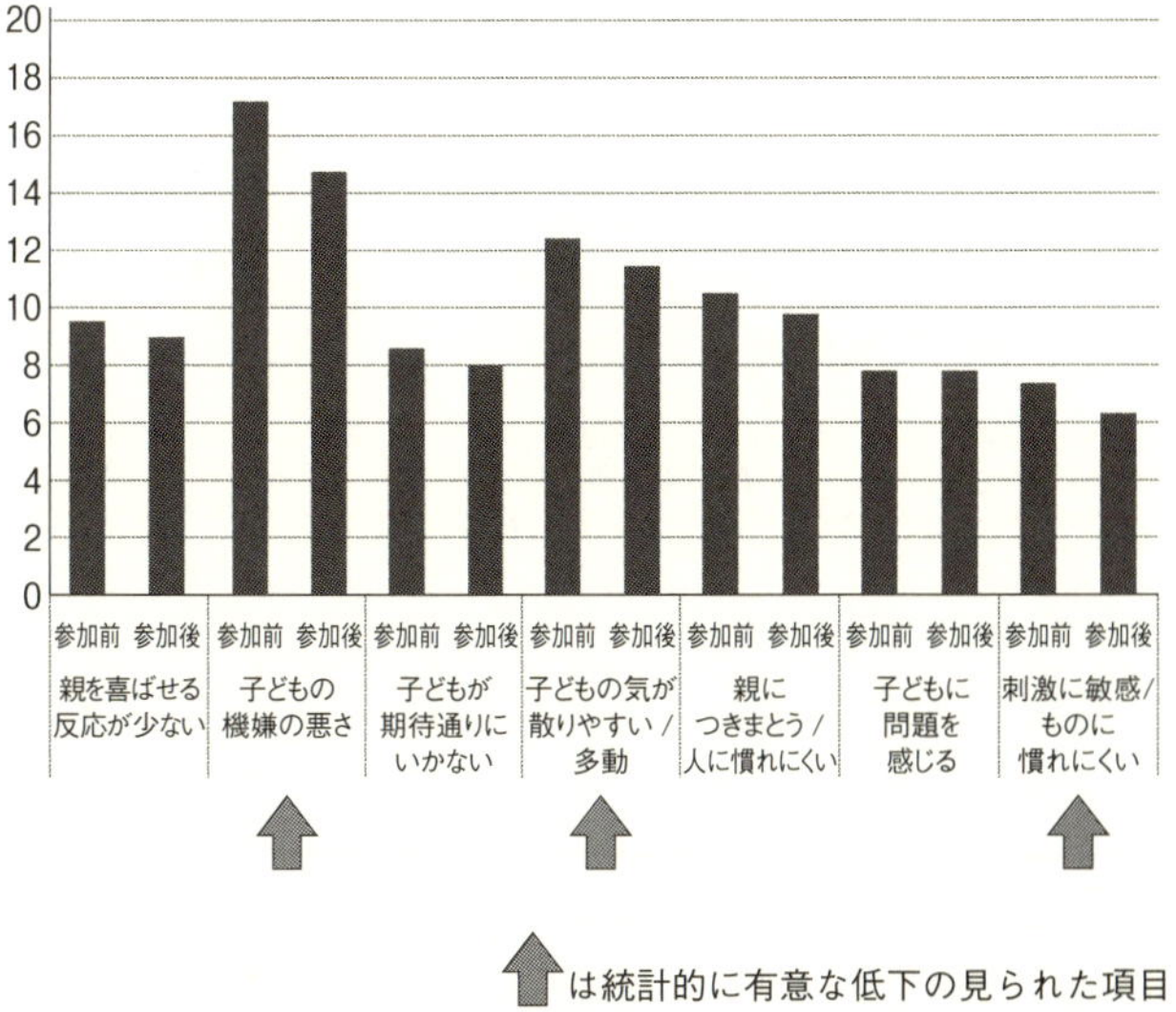

図5-3　母親ストレスの変化と読み聞かせの長さとの関係

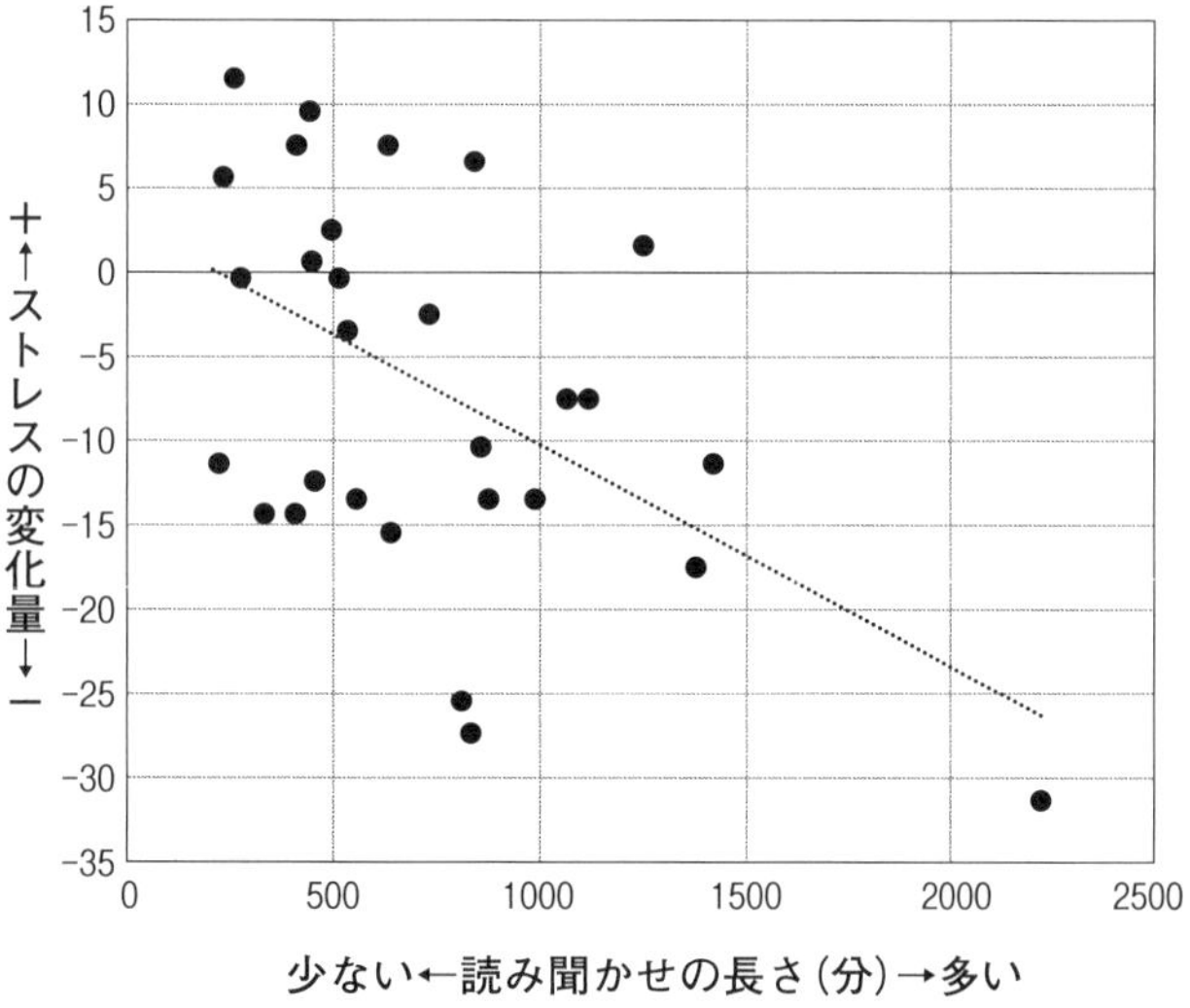

しました。

横軸を読み聞かせ時間（読み聞かせた分数）、縦軸を母親のストレスの変化の量とした図を示します（図5－3）。

もし読み聞かせをすることと、母親の子育てストレスの減少に関係があるなら、図5－3において読み聞かせ時間が増えると（右に行くほど）、母親の子育てストレスが低くなる（下になる）といった右肩下がりの分布を示すはずです。

図5－3では見事な右肩下がりの分布を示していることが分かります。読み聞かせ時間（分数）の多さと、母親のストレスの低下には関連があったの

です。

実は、データを解析する前からこの結果は予想できるものでした。というのも、8週間の記録をつけてもらったあとの2回目の調査の際、少なくない数の親御さんから「やってみてよかった」という言葉をいただいていたからです。しかし、これほど明確に結果として表れるということは、親御さんが自覚できるくらい変化が起きていたということでしょう。

子どもの語彙力や聞く力はどれだけ伸びた?

今度は、子どもの結果を見ていきましょう。親の子どもへの認識が変わった中で、子どもには何が起きていたのでしょうか。

先に概要を述べてしまうと、読み聞かせの記録をつけてもらった前後で、**幼児の言語発達は促進され、問題行動が減少する**、というよい変化が見られました。

まず、言語発達については「言葉の数(語彙)」と「聞く力」をとらえました。

語彙は読書に関する研究の主要な関心指標です。しかし、そのような情報がなくとも絵本は、絵と言葉が豊富に出てくるので、読み聞かせをすることで子どもの語彙に変化があるのは容易に想像できます。また、読み聞かせ中、幼児はお話を聞く、という活動を行います。したがって、聞く力にも成長があると考えられます。

では、幼児の語彙に関して、何歳相当の語彙数に変化したかを見てみましょう（図5-4）。

参加したのは3歳から6歳までの平均4歳半程度の子ども達です。私たちは「PVT-R絵画語い発達検査」[*32]と呼ばれる検査を使って、子どもの語彙を評価しました。

その結果、初回時、参加者平均で約63か月（5歳3か月）相当であった語彙は、8週間後に約69か月（5歳9か月）相当になっていました。2回の検査の間の8週間というのは約2か月です。ですから、およそ**2か月で6か月相当の語彙の伸びが見られた**ことになります。

次に、幼児の聞く力です。

「聞く力」を科学的に計測するために、私たちは「トークン・テスト」[*33]と呼ばれる課題を用いました。幼児は目の前に置かれたいくつかの小さなブロック（トークン）を、検査者の指示に従って動かすのですが、最初は短く簡単な指示は、次第にどんどん長く複雑にな

図5-4　8週間前後での子どもの語いの変化

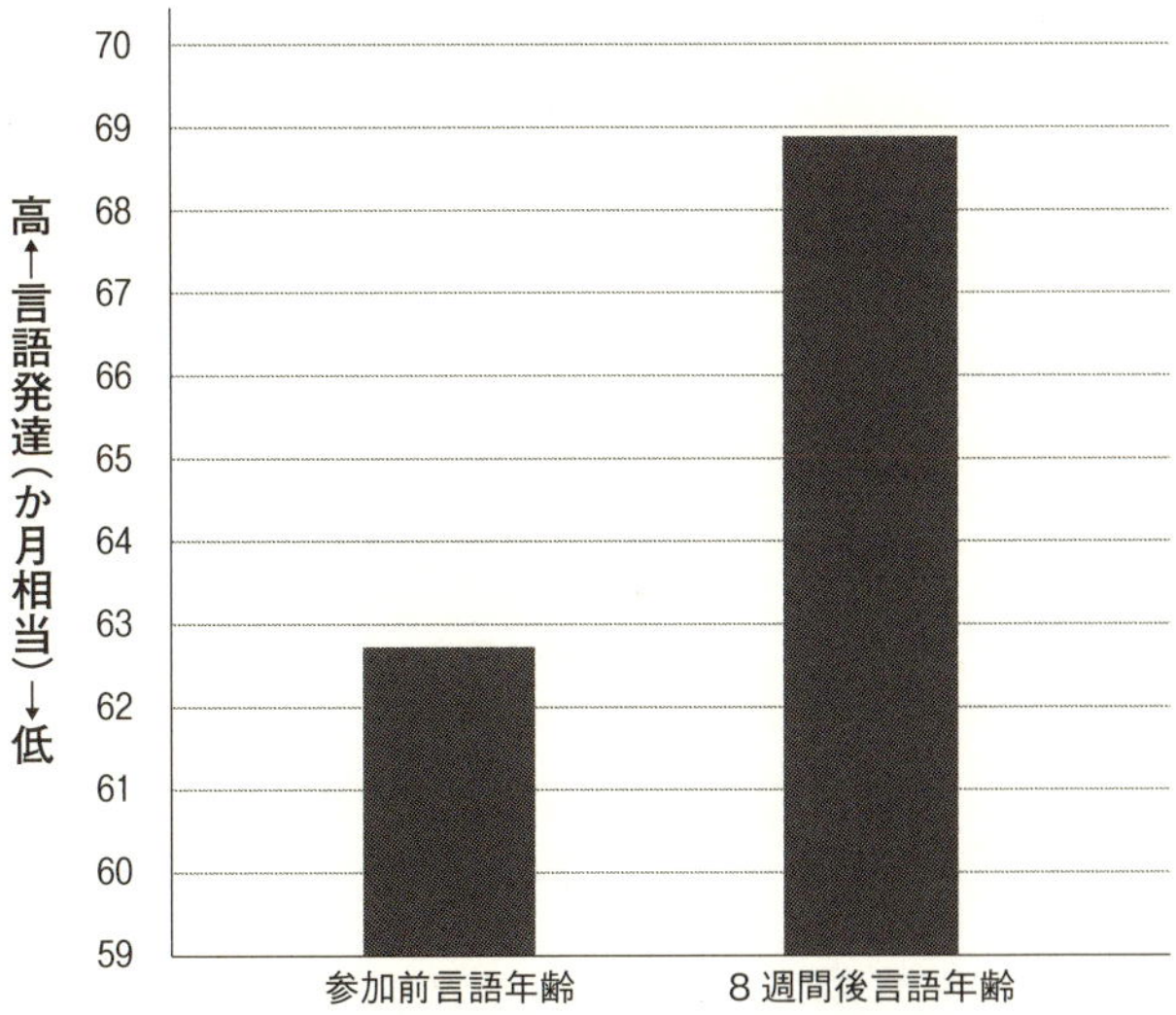

図5-5　8週間前後での子どもの聞く力の変化

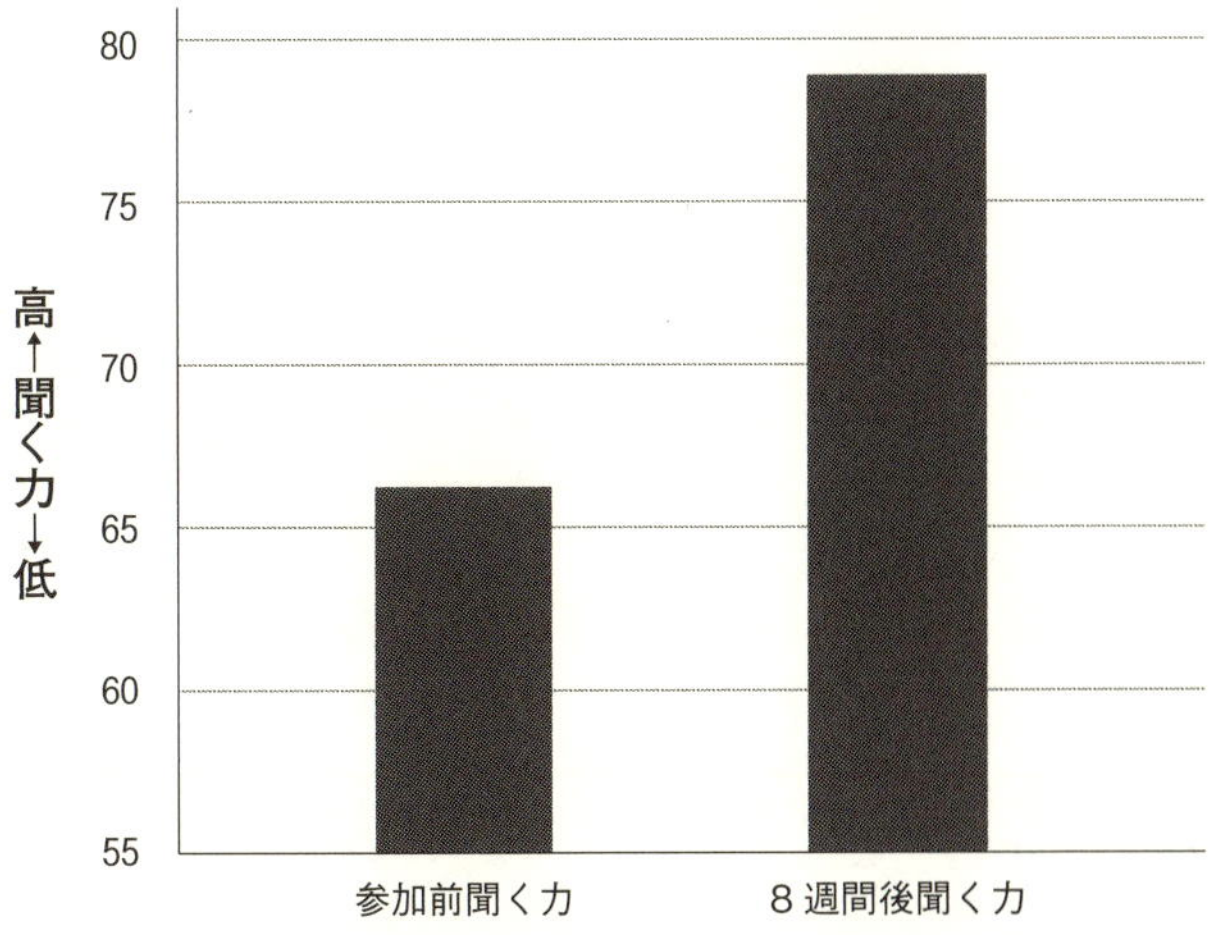

図5-6　聞く力の変化と母親の読み聞かせ回数との関連

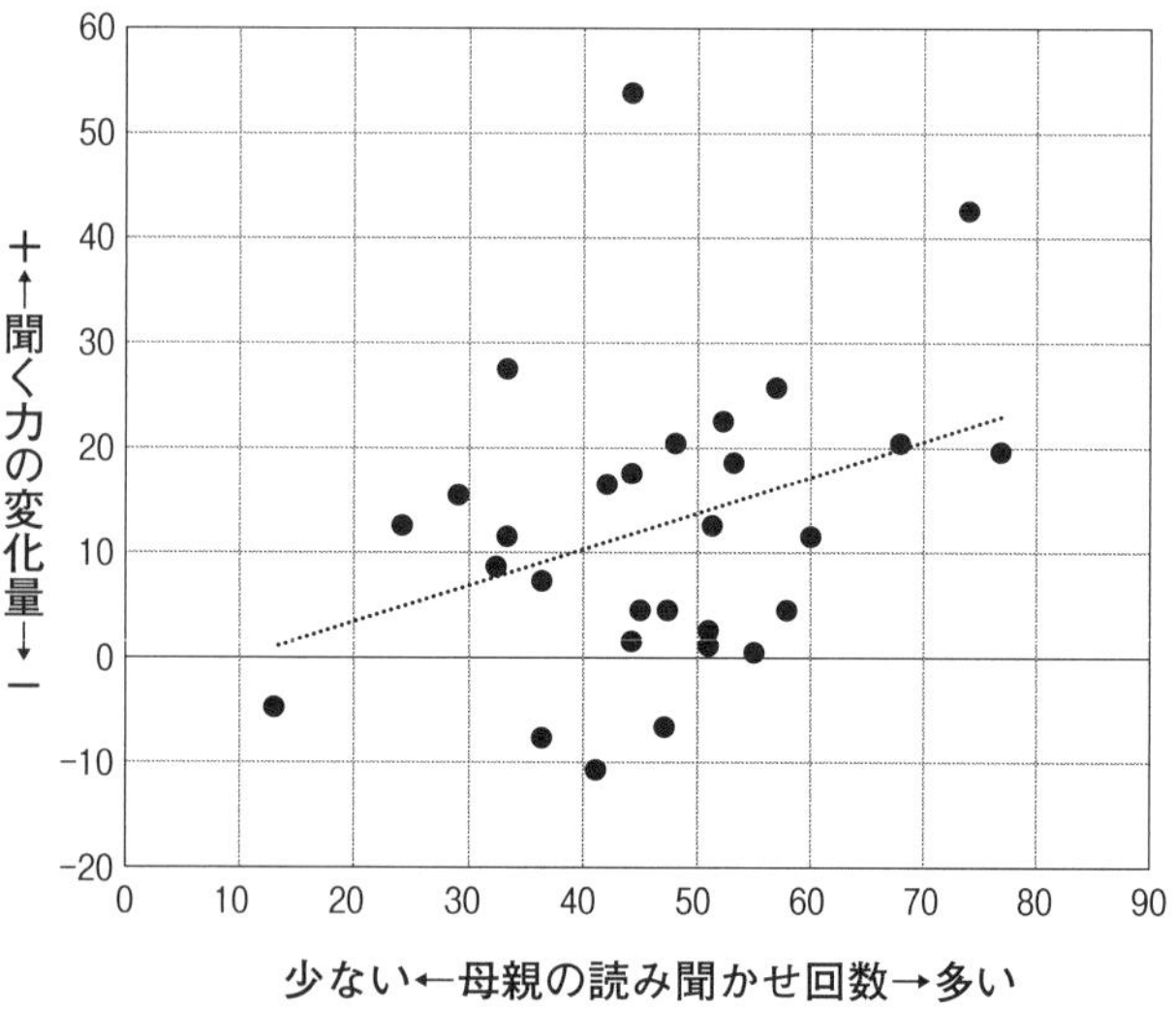

っていきます。子どもが多くの指示を聞いてこなすほど点数が高くなります。

図5－5がトークン・テストの結果です。1回目と比べて2回目の測定時、子どもの得点は平均点にしてなんと10以上も上がっていました。これは子どもの聞く力が上がったことを示しています。

約2か月の間をあけた2回の検査で、子どもの語彙も、聞く力もかなりの成長があったということが分かりました。

しかしながら、今回の調査では、これら子どもの言葉の力の成長と読み聞かせの時間との間に統計的に意味のある関係が見られませんでした。確かに、子どもの言葉の力は伸びていましたが、それと読み聞かせ習慣との間の関係は明確ではないということです。

ただし、母親が読み聞かせをした回数と聞く力の成長には、一定の関係があることが示唆されました。また、子どもの語彙の成長は、読み聞かせた冊数（期間中のべ数）と比較的関連が見られました。

図5－6を見てください。母親が**読み聞かせた冊数が増えるほど、子どもの言語面にゆるやかな、しかし肯定的な変化が生じている**ことがうかがえます。

読み聞かせ後、減少した子どもの問題行動とは

他にも、「CBCL」[*34·35]というアンケートを用いて子どもの問題行動の程度を母親から聴取しています。

子どもの問題行動とひとくちに言っても様々ですが、本調査では大まかな二種類の指標を用いています。一つは、他者との関わらなさや不安の強さといった、子どもの内向きの問題。そしてもう一つは、攻撃的であったり、非行的に見える行動のような外向きの問題

図5-7　子どもの問題の変化

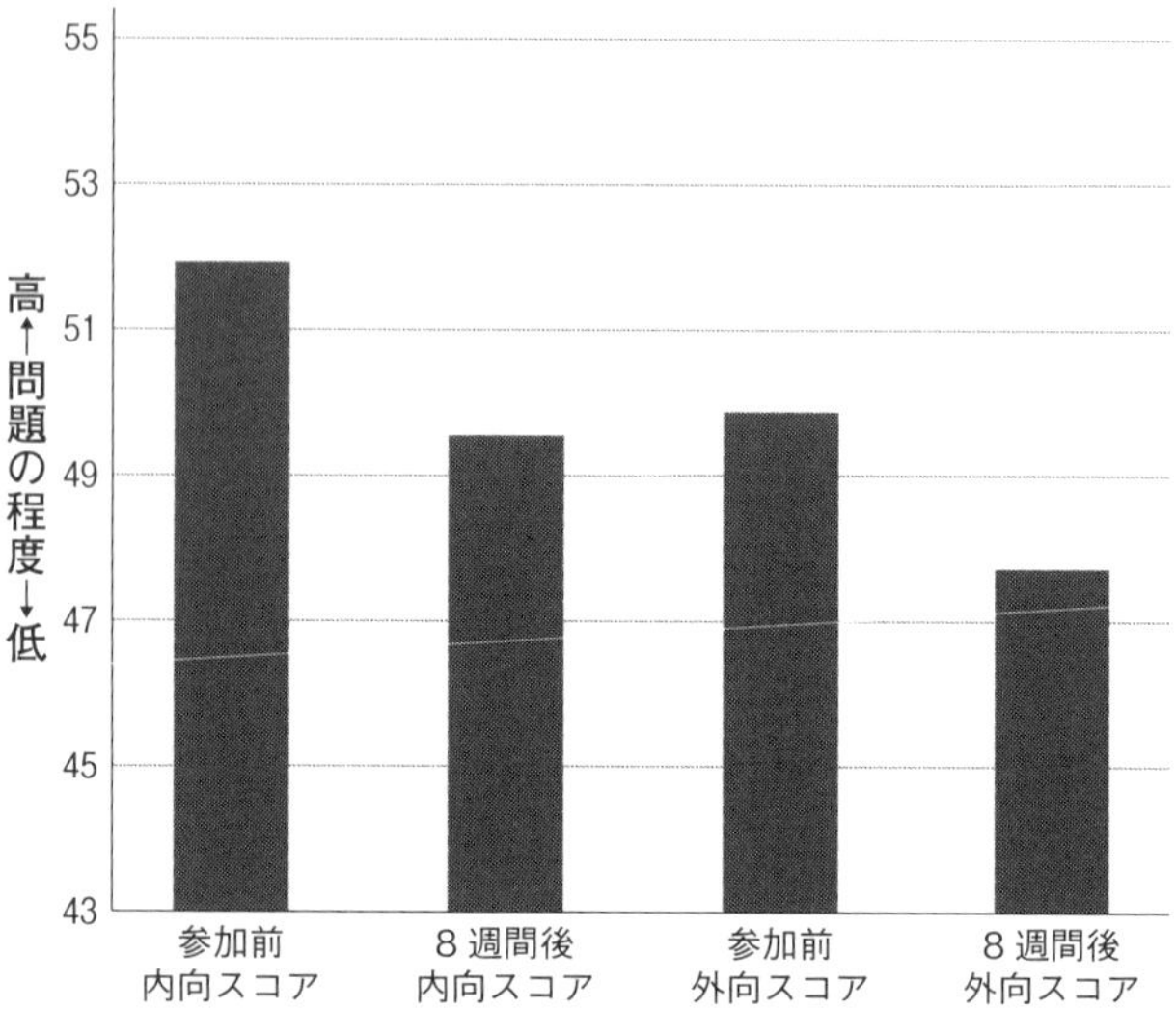

です。

　さて、読み聞かせ日誌をつけてもらった前後での変化ですが、子どもの内向きの問題が減っていることが分かりました（図5－7）。つまり、**子どもの不安や抑うつなど感情的な問題が軽減しているこ**とが示されたのです。

　しかし、その程度はあまり大きくなく、また日誌につけてもらった読み聞かせ時間とも明確な関係がうかがわれませんでした。そのため、この子どもの感情面での変化がなぜ生じたのかは、あまり明らかではなく、その原因については後述します。

読み聞かせをすることで、親子関係が良好に

私たちが行った調査の結果を要約すると、読み聞かせを行ってもらった前後での親子の変化は以下の三点になります。

①母親のストレスが減った：2地点における母親のストレス低下と、その間の読み聞かせ時間の多さに関連があった。
②子どもの言葉の力が伸びた：語彙の増加や聞く力の増大といった形で子どもの言語発達が促進されており、程度は弱いものの読み聞かせの多さとの関連がうかがわれた。
③子どもの問題行動が減少した：2地点において子どもの不安や他者との関わらなさといった問題が減少していたが、読み聞かせ時間との関係は不明確であった。

いかがでしょうか。読み聞かせを通した親子の交流で、親子にどんな変化が起きるか、示唆が得られるのではないかと思います。

子どものとらえ方に起因する母親のストレスは低下し、子どもの問題行動が減少したことから、母親と子どもの関係によい変化が生じていたのではないかと考えられます。

子どもや大人に変化が生じた背景には、もう少し細かいメカニズムがあるはずです。以降では少し拡大解釈になりますが、結果から考えられることを述べていきましょう。

子どもの話す力・聞く力が上がると、問題行動が減る理由

幼児期は言葉の数も当然増えるのですが、文法についての理解力も上がっていきます。幼児期の最初の方は言葉が長くなる方向で変化していき、後半になってくると受動態の文章のように複雑な文章を聞いて理解したり、話したりすることができるようになっていきます。

話す力や聞く力が高まると、当然個別のコミュニケーションも良好になるのですが、臨床的には集団生活での指示理解にもよい影響が出ます。

個別のやりとりと、集団場面でのやりとりで何が違うのか、分かりにくいかもしれませ

ん。ポイントは、子どもがメッセージを理解できているかどうかの確認が容易か容易でないかです。確認が容易な一対一のやりとりとは違って、集団場面での一斉指示はしばしば聞き手が理解しているかどうかに限らず進んでいってしまいます。周りの子どもを見て、聞き取れなかったことを補って活動についていくこともできますが、聞く力があるに越したことはありません。

指示を理解することができると、子どもはもっと聞こうと思うので、話す人への関心も高まります。一方、相手が話していることの理解が難しいと、退屈で注意がそれます。活動も何をやっているのか分からないので、やりたくなくなります。聞く力に苦手意識があると、こんな悪循環に陥ってしまう恐れがあります。

私（松崎）は、言語面での成長（語彙、聞く力）が、保育場面のような幼児が集団生活する際の日常生活の適応を高め、大人から見た際の問題行動の減少につながっていたのではないかと考えています。

これは子どもの感情面の問題の減少に寄与していたかもしれません。また、子どもの問題行動が減れば、親のストレスも減るでしょう。そうして日常生活がスムーズになると想定できます。

音読効果で大人の脳が活性化！　パフォーマンスが向上！

なぜ、読み聞かせをした母親のストレスが減ったのか。その原因を考察します。原因の一つは、前項で述べた子どもの変化でしょうが、それだけではなく、母親自身の様々なパフォーマンスにも好影響が出ていた可能性もあります。

その証拠を述べていきましょう。

当たり前の話ですが、読み聞かせは声を出して音読します。**音読は、黙読に比べて多くの領域で脳活動が生じる**ことが分かっています（コラム⑧参照）。さらに、先の章で述べたように、読み聞かせは、単なる読みと違って、子どもの様子に注意を向けたり、本の主人公になりきって感情を込めて読んだりなど、少し複雑な作業を含みます。そのため、読み聞かせをする親自身の脳の活性化につながっていた可能性があるでしょう。

このような脳の状態の親は、日々のパフォーマンスが向上し、子どもの様々な振る舞いを、余裕をもって受け止められるようになっていったのかもしれません。

もう一つ、「子どもに読み聞かせをする」という行為が、社会的に望ましい行動と見なされていることも関係しているかもしれません。

例えば、母親の多くはＤＶＤに子守をさせるより、読み聞かせをするべきだと考えているという調査結果があります（コラム⑥参照）。

世の中の価値規範に沿った行動をしていないよりも、していたほうが、母親の葛藤やストレスは減るというのは、十分に考えうることでしょう。

読み聞かせが親子によい影響をもたらすメカニズムは、まだ解明の途中です。

しかし、この章でご紹介した取り組みの結果からも、読み聞かせを行うことが、大人と子どもがよい関係を築き、言葉や感情に関する力を育てていくことに寄与することは十分にうかがえると思います。子どもの頃の読み聞かせ経験は、親子の様々な側面の変化に関わり、それぞれのお子さんが、自分の力を伸ばして、世界を広げていく時の助けになっていくでしょう。

コラム⑥ どれくらい読み聞かせをすればいいのか?

「読み聞かせの効果は分かったけど、どのくらい読んだらいいの?」と疑問をお持ちの皆さん、これは「どのくらい読み聞かせるのが普通なのか」という問いに言い換えられるかもしれません。

子どもが好きな本を、満足するまで読めばいいじゃないか、と思う方もいるかもしれません。しかし目安を知ることで、習慣化の励みになるということもありえますから、ここでいくつかの調査を紹介しましょう。

第5章でご紹介した調査では、参加前に「週にどのくらい本を読み聞かせていたか」と「8週間の間、毎日何分程度本を読み聞かせていたか」を質問しています。

まず、「参加前に週どのくらい本を読み聞かせていたか」ですが、ほぼ同数で、「週に1、2回読み聞かせる」「週に3、4回読み聞かせる」という回答でした(図c-1)。

記録してもらった読み聞かせ日誌をまとめた結果と、参加前のアンケートの結果を比較すると、日誌をつけてもらっている間は、読み聞かせの頻度が増えていました。

日誌をつけてもらっている間(調査期間中)は、一日5分から10分程度の読み聞か

図C-1　第5章の参加者の読み聞かせ頻度

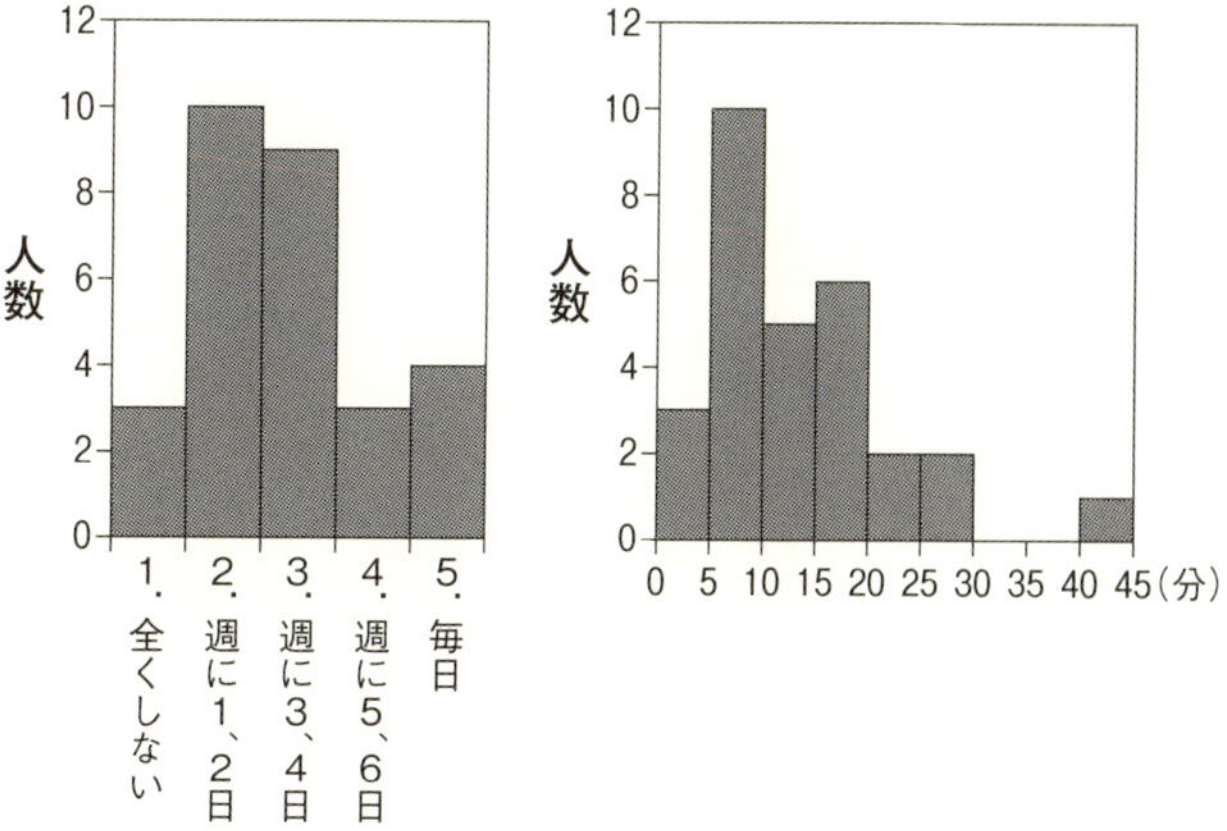

左：参加前の週当たり読み聞かせ頻度
右：日誌に基づく1日あたりの読み聞かせ時間（分数）

せを行ったという家庭が3分の1と多くを占めました（図c－1）。

ただし、これは日誌をつけてもらった期間の合計読み聞かせ分数を日数で割っただけのものですので、頻度としては正確ではありません（まとめて長い時間を読み聞かせていた方もいました）。

他の調査結果も見てみましょう。

ベネッセ教育総合研究所が全国の3歳から5歳の子どものいる1000人の保護者を対象に行った調査結果[*36]によると、年齢が上がるにつれ頻度が減っていくとはいえ、年少から年長のどの年齢でも週に1日以上読み聞かせるご家庭が半数以上を占めます（図c－2）。

年中児、年長児においては「週に1日から2日」という頻度が最も多いという結果になっています。この頻度は私たちの調査の協力者の参加前の結果とおおよそ一致していると言えるでしょう。

また公文教育研究会[*37]は0歳から3歳までと、先の調査より小さな子どもを持つ母親の場合の調査結果を報告しています。

それによると、一週間の読み聞かせ量で一番多いのは「1〜5冊」でした。読み聞かせは一日平均22分という結果だったのですが、実はこれらは他の活動と比較すると短いものでした。例えば読み聞かせの次に多いDVD視聴ですら、読み聞かせの約2倍の時間です。

加えて特に0歳児で読み聞かせ冊数が「0冊」の者が意外に多い実態や、母親の多くが子どものDVD視聴を減らし、読み聞かせをする時間を増やしたいと考えていることを報告しています。

先にもご紹介したOECDの報告書では、毎日読み聞かせを行わなくても、週に1、2回の頻度以上で読み聞かせを行っている子どもで、その子のその後の学力に違いが出てくることが示されていました。

図C-2　幼児への読み聞かせ頻度

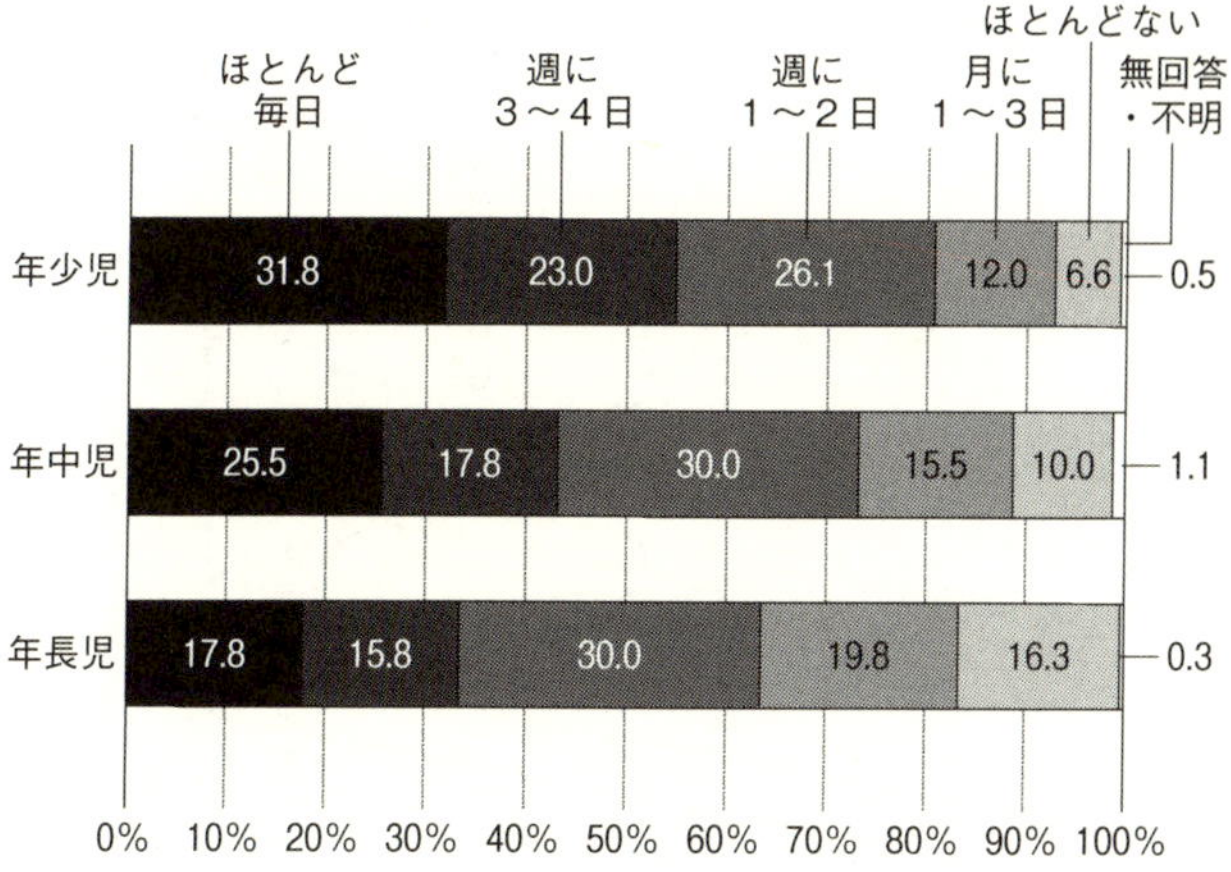

ベネッセ教育総合研究所（2014）を基に著者が作成
棒グラフ内の数字は割合（%）を示す。

　これらを鑑《かんが》みると、週に1日～2日読み聞かせることが目安か、と思われるかもしれません。しかし、ここで引用してきた結果はいずれも異なる年齢のお子さんと家族からの回答を基にしたデータです。子どもの年齢や家族のライフスタイルが異なれば、まったく同じように適用できるものではありません。

　また、読み聞かせがいいからといって、読み聞かせを義務化したり、子どもの様子に目を向けずに淡々と絵本を音読するような形式的な読み聞かせを繰り返すのも有意義とは言えないでしょう。

あくまで大人が子どものために、お話や人物の様子を分かりやすく伝えていくことで、単純に聞くことにとどまらない子どもの様々な反応が生まれ、ひいては成長につながるのだと思います。子どもが読み聞かせを求めれば、大人は読み聞かせをする、といった自然なコミュニケーションを阻害してはいけないことも忘れてはいけません。

コラム⑦ 漫画はいいの?

子どもに読ませたり読み聞かせをする本は、漫画でもいいのでしょうか。漫画というと、用いられるのは話し言葉ばかりで、汚い言葉づかいがあるかもしれない、と心配する方もいるかもしれません。

第2章でも紹介したクラッシェンは漫画に関する研究をまとめ、漫画の言葉は、およそ文法的に正しく、汚い言葉も意外に少ないことを報告しています。さらに、**漫画を読むことが言語発達にマイナスの効果をもたらすことはなく、一般の本への橋渡しに役立つこと**を示唆しています。

個人的な経験になりますが、私(松﨑)は小さな頃は絵本があまり好きではなく、熱心に読書をしていた、とはとても言えない子どもでした。

代わりに、というわけではないですが、小学生の頃から漫画はよく読んだ記憶があります。漫画以外にも、ゲームの攻略本など様々な本を読みました（まだゲームの攻略方法をインターネットで調べるのが一般的でない時代でした）。

小説のような、ある程度の分量があって絵のない本で読書を楽しめるようになったのは、おそらく10代も終わりの頃だと思います。幸いなことに、今では買わない週がないくらい本を楽しんでいます。

多くの研究が、発達期に形は様々あれど、本に触れて育つことの有効性を示唆しています。

子どもの読みのレベル（大人の助けがいるか／一人で読めるか）や子どもの理解のレベル、そして関心があって楽しめるかどうかをベースにして、大丈夫そうであれば、媒体は何でもいいのではないかと私は思います。

加えて、書かれ方（書き言葉／話し言葉／単語や擬音語が中心）、必要とする想像力の程度（身近なことに関係／昔話／外国のお話）などの要因を考慮すればよいのではないでしょうか。

第6章

脳の構造を変える！親子コミュニケーションの脳科学

——読み聞かせの仕方で、家族みんなの脳にいいことが起こる

絵本の読み聞かせなどのコミュニケーションは、大人と子どもの関係を良好にしますが、「良好な家族関係」は発達期の子ども達の脳にどんな影響を与えるのでしょうか。

この章では、東北大学で行われた家族のコミュニケーションと脳との関係についての研究をいくつかご紹介します。

特に、親子のコミュニケーション時間とほめる行動の多さに着目して、これらが脳構造とどう関わるかを示していきます。

脳画像の追跡データで判明！ 親子で過ごす時間が脳発達に影響

親子の温かなコミュニケーションが子どもによい影響を与える、というのは、研究の内容を聞かなくても想像がつくでしょう。事実、子どもの情動面や認知発達によいことが様々な研究で示されているのですが、加えて脳にも影響を及ぼしていることが明らかになっています。

私たち東北大学の研究グループ（Takeuchiら）[*38]は、**親子コミュニケーションの長さが**

子どもの言語理解に関連する脳領域の発達によい影響を与えていることを明らかにしました。

この研究では、5歳から18歳の約250人の子どもの脳の構造画像を3年の期間を開けて2回にわたってMRIを用いてスキャンして見比べ、子どもの脳構造の変化を解析しました。

この脳解析データを専門用語で「縦断追跡データ」と言いますが、こうすることで、ある程度の時間をあけた2地点で、発達期にある子どもの脳の変化をとらえることができます。

図6-1aは、子どもの約3年間の脳の構造の変化のうち、親子のコミュニケーション時間が影響していた領域です。

右側の側頭葉にある「上側頭回」の灰白質《かいはくしつ》濃度の減少に、親子のコミュニケーション時間の多さが関係していることが分かります。図6-1bのグラフを見ると、親子で過ごす時間が長いほど、右上側頭回の灰白質濃度が低下していますね。

「灰白質」とは、神経細胞が集まっている灰色に見える層のこと。その灰白質濃度が薄くなる、というと「神経細胞が薄くなって、脳の働きが悪くなるの？」と誤解される人もいるかもしれません。

でも違うのです。発達期を通して灰白質濃度は脳の多くの領域で薄くなっていきます。事実、今回の研究でも、子どもの年齢が上がる（約3年後）と、脳の多くの領域で灰白質濃度が減少しています（図6－1c）。

これは、例えるならコンピュータと配線でこんがらかって混沌《こんとん》とした薄暗い部屋が、配線も整備されて最低限のものだけになって綺麗になるようなものです。神経細胞の中の余計なものが整理され、神経伝達がシンプルで効率的になるイメージですね。

違いが生まれていたのは、この本でしばしば登場する側頭葉の上方の部分、上側頭回という領域です。

右半球の上側頭回の活動は、文脈、皮肉や比喩の理解など言葉に関する力の中でも社会的場面で必要とされるものや、**視線の理解**にも関わると言われています。そのためコミュニケーションの中でも比較的高度なものに関わる領域と言えるかもしれません。

この領域は、脳の変化の中でも、言語発達の程度が影響していた領域と比較的重なりが見られるものでした。この事実からも、親子のコミュニケーションの長さが子どもの言語やコミュニケーション、それを支える神経基盤の発達的変化によい影響を与えていたこと

図6-1　親子コミュニケーションの長さと関連する子どもの脳構造の変化

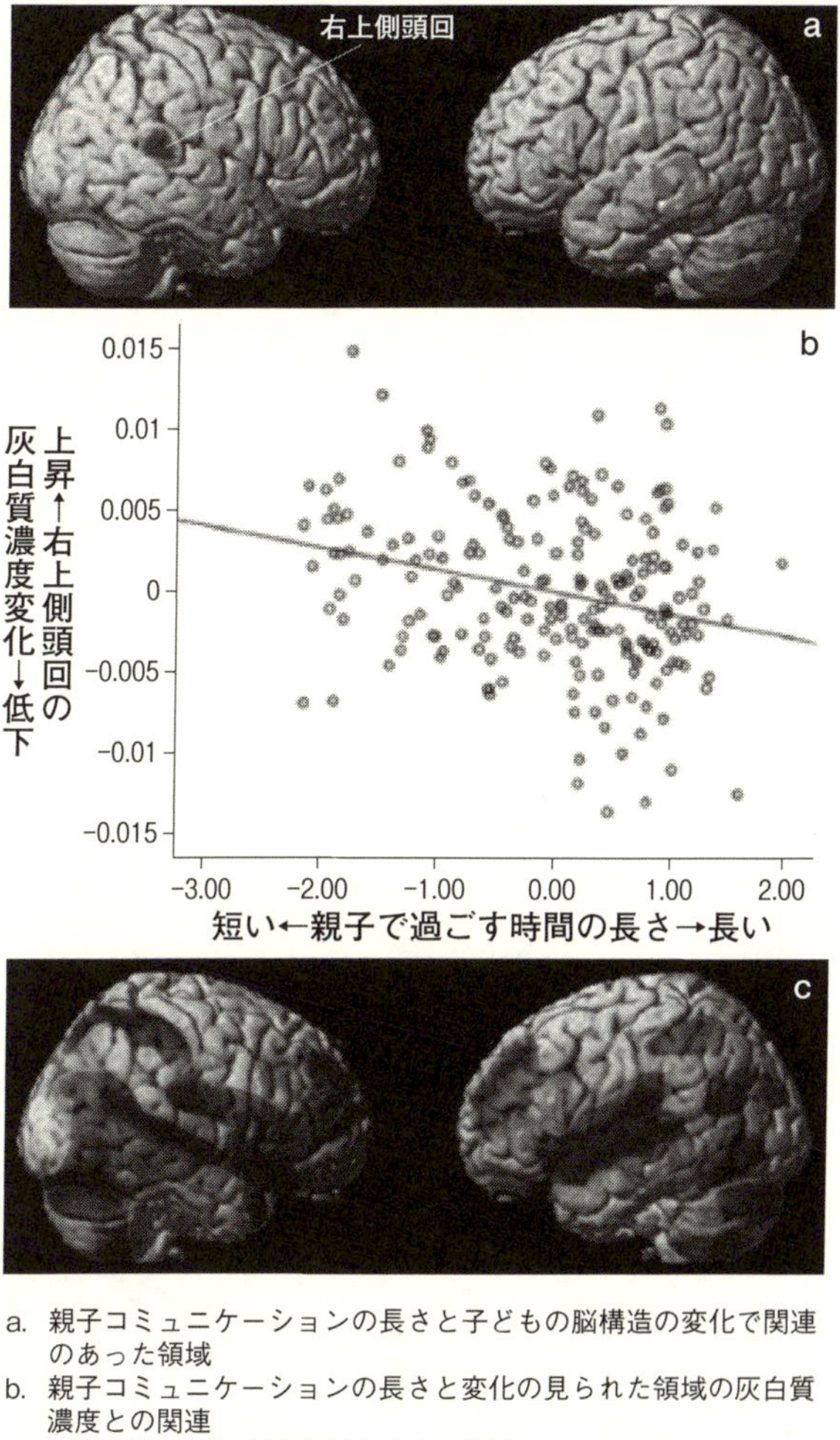

a. 親子コミュニケーションの長さと子どもの脳構造の変化で関連のあった領域
b. 親子コミュニケーションの長さと変化の見られた領域の灰白質濃度との関連
c. 年齢に従い灰白質濃度が低下する領域
Takeuchi et al.(2015) Figure3, 4 を基に著者が作成

が分かります。

親子関係を含む親しい大人との関係は人間関係の基本ですから、高度なコミュニケーションは、親しい人との基礎的な人間関係があってこそ生まれ、様々な人との関係に広がっていくものであると言えるでしょう。

親子のコミュニケーションの長さが脳構造に変化を起こした結果の背景には、こうした理由もあるのかもしれません。

「ほめる」と脳は成長する！ その科学的根拠とは

皆さんは、ふだんお子さんをほめていますか。特に、子どもに優れた点や振る舞いがなくても、ほめて励ますように心がけていますか。

「ほめて育てる」と言われるように、3歳までの言語環境で、ほめるなどの「肯定的なフィードバック」を返して親子のやりとりを継続していくことが、子どもの言語発達に寄与するという主張（サスキンドら）[*39]があります。しかし、年齢が上がるにつれて、叱る必要

図6-2　ほめることと関連する子どもの脳の領域

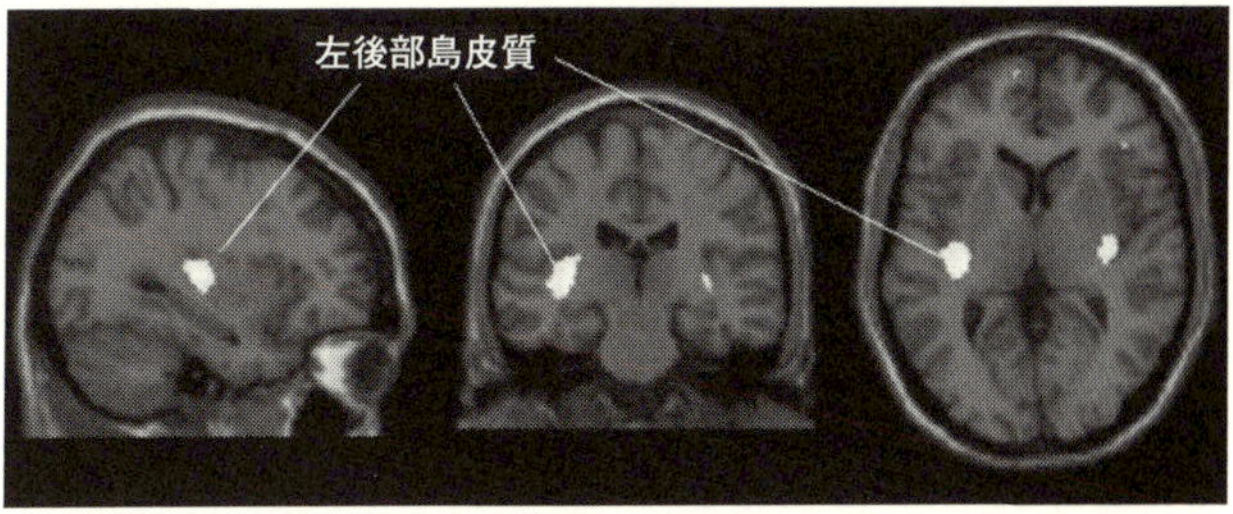

Matsudaira et al.（2016）Fig.1 を基に著者が作成

があるケースも出てくるでしょう。

子どもをほめるべきか叱るべきかという議論はさておき、以降では、子どもの脳の構造と「ほめること」の関連について、私たち東北大学で行われた研究をご紹介します。

Matsudairaら[*40]の研究では、5歳から18歳の子どもを対象に、親が子どもをほめる頻度と子どもの性格や脳構造がどう関係しているかを検討しています。脳構造は、特に灰白質容量（灰白質の量）に着目しました。

親のほめの頻度と関係が見られた脳の領域を図6－2に示します。関係が見られた部位は、前に述べた脳の中でも「島」と呼ばれる部位です。この研究では**親が子どものよいところをほめる頻度が高いほど、左の島皮質の灰白質容量（神経細胞層の大きさ）が多くなっている**ことが明らかになりました。

島皮質は、内受容感覚（内臓感覚）に関係するといわれ、自分の情動反応やその理解、ひいては他者に共感することにも関わる脳領域です。他者に共感するためには、自分がどんな状態かよく気をつけないと、「相手と同じ気持ちになっている」とは分からないからですね。つまり、**ほめることで「共感」の脳が育つ**可能性を示唆しています。

さて、先ほどのTakeuchiらの研究では灰白質濃度が減っていることと、親子コミュニケーションの多さを指摘していました。この研究では灰白質容量が増えているとよいという価値づけをしているため混乱された方もいるかもしれません。

詳しい説明は割愛しますが、脳の構造は年齢によって複雑に変化していきますので、ある組織が増えればよい、減ればよいと一概に断定することは難しいのです。そのため、脳の構造データと、行動・心理データの結果、そして先行研究も併せて総合的に解釈する必要があります。

Matsudairaらの場合、**親が子どもをほめる頻度は、子どもの性格と一定の関係がある**ことが示されました。

特に関係があったのは、**良識性と知的好奇心**です。良識性とは、計画に沿って意欲的に注意深く物事に取り組むことに関係し、知的好奇心は知性や好奇心、分析的・抽象的思考の程度に関連する性格の次元とされます（村上ら）[*41]。

もちろん、このデータだけで、「ほめること」で、島の灰白質容量が増えたり、性格が良識的で知的好奇心にあふれた子どもになる、という因果関係を証明したことにはなりません。

しかし、特に島の前部や中部は、学習経験によって脳の可塑性《かそせい》（変わっていくこと）がある領域ともいわれていることから、この研究では、子どもをほめることの脳の成長・発達の影響を示唆しています。

この研究をもって、「ほめるべき」「叱るべき」といったことに関する指針にはなりえませんが、大人がほめることと子どもの脳や心に一定の関連があるという事実を知ることは重要でしょう。

この「科学的事実」を知ることが、大人がほめ方・叱り方を自覚することにつながるのではないかと考えるからです。少し極端な話になってしまいますが、自身の子どもへの接し方にあまりに無自覚で、ひどい言葉を投げかけ続けること（言葉による虐待）が子どもの脳や心に悪影響を与えることは多くの研究が指摘するところです。

大人には「ほめる・叱る」といった行為の結果として、子どもが適切に何かを学べるかどうかの見通しがあるべきだと思います。子どもが社会に受け入れられていくよう、絶対に社会で認められないことは「叱る」ことで制止していかないといけないですし、望ましい行動や素晴らしい美徳は「ほめる」という形で子どもに意識させ、伸ばしていくのを手伝っていくべきなのではないでしょうか。

大人も読み聞かせで認知機能が向上

読み聞かせに含まれる音読という作業は、シンプルなように見えて脳の様々な部分が活動することが分かっています（コラム⑧参照）。

そして音読や計算を組み合わせた活動を一日に十数分行うだけで、高齢者の認知機能が向上することが示されています。特殊な訓練を行わずとも、です。

こうした知見は、子どもだけでなく、多くの大人が声に出して読むことに意欲的になることの重要性を示唆しています。

例えば、私たち東北大学のグループで行われた研究（Nouchiら[*42]）では、平均すると約70歳の高齢者達をランダムに2グループに分け、片方のグループには音読や計算のような作業を、もう片方には特に何もしてもらわないという違いを作って23週間取り組んでもらいました（専門用語で「ランダム化比較試験」と言います）。計算や音読は高度な知識を必要としない簡単な内容です。

そして、計算や音読といった簡単な作業に取り組んだグループの高齢者は、何か課題を行うことがなかった高齢者よりも**認知機能の中でも抑制能力やエピソードを記憶する力、注意力や作業スピードが向上していた**ことを報告しています。

認知機能の低下を妨げられるどころか、向上するものもあったわけですね。

補足すると、何もしなかったグループの人たちは、23週間経過後に改めて簡単な計算と音読に取り組んでもらいましたので、参加者すべてに恩恵があった実験になりました。

こうした知見を踏まえると、親子だけでなく、広い意味で大人が子どもに読み聞かせをすることでのメリットがあると言えます。

三世帯で住んでいるお宅であれば、祖父母が子どもの宿題を見てあげることもあるでしょう。宿題を見るなかで、子どもの国語の教科書の音読をしたり、算数のドリルをやることは、祖父母の脳活動の活性化にもつながると考えられます。

子どものものだから、簡単なものだからと侮らないで、大人が一緒に音読したり計算をすることが重要なのです。秘められたパワーがあるからです。

小学校や図書館などの公共の施設では、読み聞かせのボランティアに参加するのも認知機能向上によいでしょう。

「脳格差」を生み出す生活習慣としての読書と読み聞かせ

この章では、温かな親子でのコミュニケーションと子どもの脳との関係について、そして読むことを含む作業が大人の認知機能に及ぼす影響について東北大学で行われた研究を中心にご紹介してきました。

そして、読み聞かせを含む親子でのコミュニケーションが充実したものになっていくと、どうやら子どもの脳にも、大人の脳にもいいことがありそうだ、ということがお分かりいただけたのではないかと思います。

読み聞かせは、子どもの言語・感情・社会性といった様々な発達の側面や、それを支える神経基盤によい影響を及ぼします。そして子どもだけでなく大人の認知機能の低下を遅らせることや、ストレスの程度を下げることにも関係します。

読み聞かせというと赤ちゃんや幼児向けのイメージがありますが、乳幼児期に限った話ではありません。子どもがかなり小さい頃から、コミュニケーションをしっかりとることが重要で、読み聞かせの習慣を持つことはその助けになります。

児童期や思春期にあってさえも、読書がもたらす恩恵は明確ですし、その先の人生でも子どもが長期的に本とつき合っていくことを助けるでしょう。

一方で、時代によって子どもを取り巻く環境は変わってきています。娯楽に関して言えば、読み聞かせ以外にも子どもが楽しむための選択肢が多くあります。

テレビやゲーム機、スマートフォン、タブレット端末……。今日では、娯楽も情報も容易に得ることができます。部屋にいながら指先一つでゲームや動画サイトなどの娯楽にアクセスでき、いつでもサービスを享受できる便利な世の中です。

こうした「新しい娯楽」は子どもにとって害なのかどうか、というのは大きな問題です。カトナーら[*43]によると、娯楽小説や映画といった娯楽も、出現当時は子どもに悪影響を与えると非難されてきた歴史があるそうです。そして、ひと昔前は非難の対象だった漫画から学ぶこともあるように、新しい娯楽には、読み聞かせとは異なる思いもよらない効果があるのかもしれません。これからは「その娯楽を通して、どのように子どもと関わるか」といった大人のアイデアが重要になってくるでしょう。

本を読む、読み聞かせるという行為が、将来どれだけ選択され続けるものであるかは不透明であるように思われます。それだけに子どもの、そして家族の「違い」を生み出す生活習慣にもなり得るのかもしれません。

コラム8 黙読と音読はどこが違う？

黙読と比べると、音読は言葉を口にするという作業が入ります。また、出した言葉が聴覚を伝わって聞こえてくるので、音が変になっていないかを聞き取って、場合によっては修正する作業も入ります。

音読と黙読、どちらが脳にいいのか？　となると、やはり音読ということになるでしょう。

図c－3は、東北大学で行われた研究（Miuraら[*44]）をご紹介します。

黙読している際と、文章を音読している際と、黙読している際の脳活動です。黙読している際に大きな活動が見られている部分は舌状回《ぜつじょうかい》といって、文字の認識に関係する領域です。

音読している際は、舌状回だけでなく、運動前に活動する運動前野や補足運動野や、他にも言語理解や聴覚に関わる上側頭回など多くの領域が活動していることが一目瞭然です。

音読や簡単な計算をしてもらうことで高齢者の認知機能低下を妨げることにも寄与します（例えばKawashimaら[*45]やNouchiら[*42]）。

図C-3　黙読時と音読時の脳活動

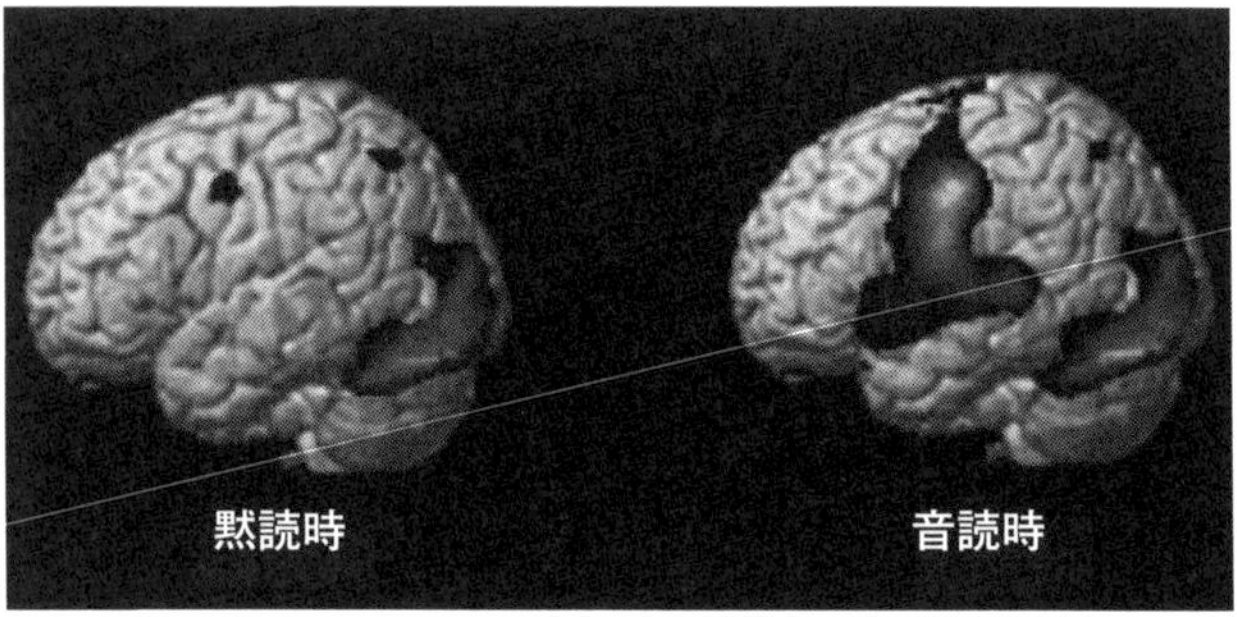

Miura et al.(2003)Fig.1 を基に著者が作成

もちろん、黙読にも利点があります。黙読の方が音読に比べて、読むスピードが速くなるため多く本が読めますし、読み方の自由度が高いので、斜め読みのような読み方も可能です。人目を気にする必要もないので、どこでも読むことができます。

ただ、日常生活に黙読だけでなく音読を取り入れると、広い範囲での脳活動を促し、いつもと違った読書体験ができるかもしれません。

おわりに

東北大学加齢医学研究所　松﨑　泰

　本を読むといいことがある、本を通じて家族と子どもと関わろう、ということが繰り返されてきたと思います。

　私は男三人兄弟の末っ子として育ちました。一番上の兄は今思い出してみても明らかに本好きでした。『科学のアルバム』（あかね書房）シリーズが愛読書であり、ほとんど読破しているくらいに本好きでした。上の兄が本好きとなると、末っ子の私は本に関わらないことで、例えば唐辛子がいっぱいにまぶされた煎餅《せんべい》を食べてみせ強がってみせることで大人の気を引いていました。自分を作るという中で、意識的せよ無意識的にせよ、「本を読む」という行為を避けていたのかもしれません。

　幸いなことに、成長の過程で私と本との関係は回復していきました。学校にある本、国語の教科書、場合によっては読書感想文の課題図書であったとしても、時折出会う印象的な本との出会いは、私の想像力を豊かにしてくれました。

両親の読書に対する姿勢も、私と本の中を取り持ってくれたと思います。まだスマートフォンが存在せず、何かを調べるにはインターネットではなく本が一般的であった時代の話です。読書を通じて技術的なことを学ぶ、何か学ぶ時は本を買うという親の姿勢を見て、私も自然に真似するようになっていったように思います。同じ家にいると、買ってきた本は家族や兄弟でシェアされました。家族で本を勧めあったり感想を話し合うのは、とても楽しい時間でした。熱心な読書家かと言われると自信はありません。しかし、昔と比べたら私と本との関係はよくなったと思います。

長々と個人的な話を続けてしまいましたが、この本で紹介したいくつかのデータは、私が自分の子ども時代を少し悲観してしまうくらいに、読書や読み聞かせといった活動の重要性を裏付けています。

「子どもが本を読まないな」「あまり読み聞かせをできていないな」と思う親御さんをはじめ、子どもに関わる方々も悲観する必要はありません。やろうと思った今がチャンスです。幼児期を含む様々な発達段階において、大人と子どもが本を通じて関わりあうことをやめてしまわないことが重要であるように思います。

一緒に本屋や図書館に行く、本を眺める、同じ本について感想を話し合うといったように……。そうした積み重ねによって最終的に子どもが本好きになる、生涯にわたって本とつき合い、楽しんでいけることにつながるのだと思います。


最後になりますが、前半の1~3章は榊、後半の4~6章は松﨑が執筆を担当しました。1~3章のデータは仙台市「学習意欲の科学的解明プロジェクト」の取り組みの一環で行われた解析が基《もと》になっています。議論に関わったプロジェクト委員の皆様にお礼申し上げます。

また、5章でご紹介した取り組みに関して、協力いただいたご家族の皆様と、泡渕栄人様をはじめ関係者の皆様に感謝いたします。

最後になりますが、的確なご助言と温かな励ましで執筆を支えてくださった青春出版社編集部の野島純子さんに深くお礼申し上げます。

引用文献

＊1 Holmes, E. A., Mathews, A., Dalgleish, T., & Mackintosh, B. (2006). Positive interpretation training: effects of mental imagery versus verbal training on positive mood. *Behav Ther, 37*(3), 237-247. doi:10.1016/j.beth.2006.02.002

＊2 Taki, Y., Hashizume, H., Thyreau, B., Sassa, Y., Takeuchi, H., Wu, K., Kotozaki, Y., Nouchi, R., Asano, M., Asano, K., Fukuda, H., Kawashima, R. (2012). Sleep duration during weekdays affects hippocampal gray matter volume in healthy children. *Neuroimage, 60*(1), 471-475. doi:10.1016/j.neuroimage.2011.11.072

＊3 Watanabe, Y., & Ikegaya, Y. (2017). Effect of intermittent learning on task performance: a pilot study. *Journal of Neuronet*, 38, 1-5.

＊4 Rayner, K., Schotter, E. R., Masson, M. E., Potter, M. C., & Treiman, R. (2016). So Much to Read, So Little Time: How Do We Read, and Can Speed Reading Help? *Psychol Sci Public Interest, 17*(1), 4-34. doi:10.1177/1529100615623267

＊5 Fujimaki, N., Hayakawa, T., Munetsuna, S., & Sasaki, T. (2004). Neural activation dependent on reading speed during covert reading of novels. *Neuroreport, 15* (2) , 239-243.

＊6 クラッシェン, S. (著). 長倉美恵子・黒澤　浩・塚原　博 (訳). (1996). 読書はパワー . 金の星社.

＊7 Bowman, L. L., Levine, L. E., Waite, B. M., & Gendron, M. (2010). Can students really multitask? An experimental study of instant messaging while reading. Computers & Education, 54(4), 927-931. doi:10.1016/j.compedu.2009.09.024

＊8 Fujimaki, N., Miyauchi, S., Pütz, B., Sasaki, Y., Takino, R., Sakai, K., & Tamada, T. (1999). Functional magnetic resonance imaging of neural activity related to orthographic, phonological, and lexico - semantic judgments of visually presented characters and words. *Human brain mapping, 8*(1), 44-59.

＊9 Hashimoto, R., & Sakai, K. L. (2002). Specialization in the left prefrontal cortex for sentence comprehension. *Neuron, 35*(3), 589-597.

＊10 Bunge, S. A., Klingberg, T., Jacobsen, R. B., & Gabrieli, J. D. (2000). A resource model of the neural basis of executive working memory. *Proceedings of the National Academy of Sciences, 97*(7), 3573-3578.

＊11 Speer, N. K., Reynolds, J. R., Swallow, K. M., & Zacks, J. M. Reading Stories Activates Neural Representations of Visual and Motor Experiences.

＊12 Gallagher, H. L., Happé, F., Brunswick, N., Fletcher, P. C., Frith, U., & Frith, C. D. (2000). Reading the mind in cartoons and stories: an fMRI study of 'theory of mind'in verbal and nonverbal tasks. *Neuropsychologia, 38*(1), 11-21.

*13 Hsu, C. T., Conrad, M., & Jacobs, A. M. (2014). Fiction feelings in Harry Potter: haemodynamic response in the mid-cingulate cortex correlates with immersive reading experience. *Neuroreport, 25*(17), 1356-1361. doi:10.1097/WNR.0000000000000272
*14 Aziz-Zadeh, L., Kaplan, J. T., & Iacoboni, M. (2009). "Aha!": The neural correlates of verbal insight solutions. *Hum Brain Mapp, 30*(3), 908-916. doi:10.1002/hbm.20554
*15 Mangen, A., Walgermo, B. R., & Brønnick, K. (2013). Reading linear texts on paper versus computer screen: Effects on reading comprehension. *International Journal of Educational Research, 58*, 61-68. doi:10.1016/j.ijer.2012.12.002
*16 Dündar, H., & Akçayır, M. (2017). Tablet vs. paper: The effect on learners' reading performance. *International Electronic Journal of Elementary Education, 4*(3), 441-450.
*17 Takeuchi, H., Taki, Y., Hashizume, H., Asano, K., Asano, M., Sassa, Y., Yokota, S., Kotozaki, Y., Nouchi, R., Kawashima, R. (2016). Impact of reading habit on white matter structure: Cross-sectional and longitudinal analyses. *Neuroimage, 133*, 378-389. doi:10.1016/j.neuroimage.2016.03.037
*18 国立教育政策研究所. (2014). 平成25年度　全国学力・学習状況調査(きめ細かい調査)の結果を活用した学力に影響を与える要因分析に関する調査研究.
http://www.nier.go.jp/13chousakekkahoukoku/kannren_chousa/hogosya_chousa.html (2018年8月6日閲覧)
*19 OECD. (2010). PISA2009 Results: Overcoming Social Background: Equity in Learning Opportunities and Outcomes, Vol.Ⅱ.
https://www.oecd-ilibrary.org/education/pisa-2009-results-overcoming-social-background_9789264091504-en (2018年8月6日閲覧)
*20 Bus, A. G., van IJzendoorn, M. H., & Pellegrini, A. D. (1995) . Joint Book Reading Makes for Success in Learning to read: A Meta-Analysis on Intergenerational Transmission of Literacy. *Reviw of Educational Research, 65*, 1, 1-21.
*21 Jeong, H., Hashizume, H., Sugiura, M., Sassa Y., Yokoyama S., Shiozaki, S., & Kawashima R. (2011). Testing Second Language Oral Proficiency in Direct and Semidirect Settings: A Social-Cognitive Neuroscience Perspective. *Language Learning, 61*(3), 675-699. doi: 10.1111/j.1467-9922.2011.00635.x
*22 泰羅雅登. (2009). 読み聞かせは心の脳に届く. くもん出版.
*23 Ahmad, Z., Balsamo, L. M., Sachs, B. C., Xu, B. & Gaillard, W. D. (2003). Auditory Comprehension of Language in young children: Neural networks identified with fMRI. *Neurology*, 60, 1598-1605.
*24 中川佳子・小山高正・須賀哲夫. (2005). J.COSS第3版を通してみた幼児期から児童期における日本語文法理解の発達. 発達心理学研究, 16(2), 145-155.

＊25 Brauer, J. & Friederici, A. D. (2007). Functional Neural Networks of Semantic and Syntactic Processes in the Developing Brain. *Journal of Cognitive Neuroscience*, 19(10), 1609-1623.
＊26 秋田喜代美・無藤　隆. (1996). 幼児への読み聞かせに対する母親の考えと読書環境に関する行動の検討. 教育心理学研究, 44, 109-120.
＊27 秋田喜代美. (1998). 読書の発達心理学 子どもの発達と読書環境. 国土社.
＊28 Frith, U. (1985) Bneath the Surface of Developmental Dyslexia. Patterson, K., Marshall, J., & Coltheart, M. (Eds). (1985). Surface Dyslexia, Neuropsychological and cognitive studies of phonological reading. Lawrence Erlbaum.
＊29 経済協力開発機構(OECD). ベネッセ教育総合研究所(企画・政策). 無藤　隆・秋田喜代美(監訳). 荒巻美佐子・都村聞人・木村治生・高岡純子・真田美恵子・持田聖子(訳). (2018). 社会情動的スキル: 学びに向かう力. 明石書店.
＊30 国立教育政策研究所. (2017). 非認知的(社会情動的)能力の発達と科学的検討手法についての研究に関する報告書.
http://www.nier.go.jp/05_kenkyu_seika/seika_digest_h28a.html (2018年8月6日閲覧)
＊31 兼松百合子・荒木暁子・奈良間美穂・白畑範子・丸　光惠・荒屋敷亮子. (2006). PSI育児ストレスインデックス. 一般社団法人　雇用問題研究会.
＊32 上野一彦・名越斉子・小貫　悟. (2008). PVT-R 絵画語い発達検査. 日本文化科学社.
＊33 De Renzi, E. & Vignolo, L. (原著). 平口真理. (編). (2010). 新日本版Token Test. 三京房.
＊34 池淵知美・上林靖子・中田洋二郎・北　道子・藤井浩子・倉本英彦・根岸敬矩・手塚光喜・岡田愛香・名取宏美. (2001). Child Behavior Checklist/4-18日本語版の開発. 小児の精神と神経. 41(4), 243-252.
＊35 中田洋二郎・上林靖子・福井知美・藤井浩子・北　道子・岡田愛香・森岡由起子. (1999). 幼児の行動チェックリスト(CBCL/2-3)の日本語版作成に関する研究. 小児の精神と神経. 39(4), 305-316.
＊36 ベネッセ教育総合研究所. (2014). 幼児期から小学1年生の家庭教育調査・縦断調査(3歳児～5歳児)」. https://berd.benesse.jp/up_images/magazine/en2015spring_2.pdf (2018年8月6日閲覧)
＊37 公文教育研究会. (2015).「0～3歳児の母親の意識と実態調査」結果. http://www.kumon.ne. jp/kumonnow/topics/vol098/(2018年8月6日閲覧)
＊38 Takeuchi, H., Taki, Y., Hashizume, H., Asano, K., Asano, M., Sassa, Y., Yokota, S., Kotozaki, Y., Nouchi, R. and Kawashima, R. (2015). The Impact of Parent-Child Interaction on Brain Structures: Cross-sectional and Longitudinal Analyses. *The Journal of Neuroscience*, 35(5), 2233-2245. doi.10.1523/jneurosci.0598-14.2015
＊39 サスキンド, D. (著). 掛札逸美. (訳). (2018). 3000万語の格差 赤ちゃ

んの脳をつくる親と保育者の話しかけ. 明石書店.
＊40 Matsudaira I., Yokota, S., Hashimoto, T., Takeuchi, H., Asano, K., Asano, M., Sassa, Y., Taki, Y. & Kawashima, R. (2016). Parental Praise Correlates with Posterior Insular Cortex Gray Matter Volume in Children and Adolescents. *PLOSone*, 11(4): e0154220. doi:10.1371/journal.pone.0154220
＊41 村上宣寛・村上千恵子. (2017). 三訂版 主要5因子性格検査ハンドブック 性格測定の基礎から主要5因子の世界へ. 筑摩書房.
＊42 Nouchi, R., Taki, Y., Takeuchi, H., Nozawa, T., Sekiguchi, A. & Kawashima, R. (2016). Reading Aloud and Solving Simple Arithmetic Calculation Intervention (Learning Therapy) Improves Inhibition, Verbal Episodic Memory, Focus Attention and Processing Speed in Healthy Elderly People: Evidence from a Randomized Controlled Trial. *Frontiers in Human Neuroscience*, 10:217. doi:10.3389/fnhum.2016.00217
＊43 カトナー, L., オルソン, S. K.. (著). 鈴木南日子. (訳) . (2009). ゲームと犯罪と子どもたち ハーバード大学医学部の大規模調査より. インプレスジャパン.
＊44 Miura, N., Iwata, K., Watanabe, J., Sugiura, M., Akitsuki, Y., Sassa, Y, Ikuta, N., Okamoto, H., Watanabe, Y., Riera, J., Maeda, Y., Matsue, Y. & Kawashima, R. (2003). Cortical Activation during Reading Aloud of Long Sentences: fMRI study. *NeuroReport*, 14(12), 1563-1566.
＊45 Kawashima, R., Okita, K., Yamazaki, R., Tajima, N., Yoshida, H., Taira, M., Iwata, K., Sasaki, T., Maeyama, K., Usui, N. & Sugimoto, K. (2005). Reading Aloud and Arithmetric Calculation Improve Frontal Function of People with Dimentia. *Journal of Gerontology: MEDICAL SCIENCES*, 60A(3), 380-384.

青春新書
INTELLIGENCE

こころ涌き立つ「知」の冒険

いまを生きる

"青春新書"は昭和三一年に――若い日に常にあなたの心の友として、その糧となり実になる多様な知恵が、生きる指標として勇気と力になり、すぐに役立つ――をモットーに創刊された。

そして昭和三八年、新しい時代の気運の中で、新書"プレイブックス"にその役目のバトンを渡した。「人生を自由自在に活動《プレイ》する」のキャッチコピーのもと――すべてのうっ積を吹きとばし、自由闊達な活動力を培養し、勇気と自信を生み出す最も楽しいシリーズ――となった。

いまや、私たちはバブル経済崩壊後の混沌とした価値観のただ中にいる。その価値観は常に未曾有の変貌を見せ、社会は少子高齢化し、地球規模の環境問題等は解決の兆しを見せない。私たちはあらゆる不安と懐疑に対峙している。

本シリーズ"青春新書インテリジェンス"はまさに、この時代の欲求によってプレイブックスから分化・刊行された。それは即ち、「心の中に自らの青春の輝きを失わない旺盛な知力、活力への欲求」に他ならない。応えるべきキャッチコピーは「こころ涌き立つ"知"の冒険」である。

予測のつかない時代にあって、一人ひとりの足元を照らし出すシリーズでありたいと願う。青春出版社は本年創業五〇周年を迎えた。これはひとえに長年に亘る多くの読者の熱いご支持の賜物である。社員一同深く感謝し、より一層世の中に希望と勇気の明るい光を放つ書籍を出版すべく、鋭意志すものである。

平成一七年

刊行者　小澤源太郎

著者・監修者紹介

川島隆太〈かわしま・りゅうた〉

東北大学加齢医学研究所教授。医学博士。1959年、千葉県生まれ。東北大学医学部卒。同大学大学院医学研究科修了。ニンテンドーDS「脳トレ」シリーズ監修。日本における脳機能イメージング研究の第一人者として著書多数。

松﨑　泰〈まつざき・ゆたか〉

東北大学加齢医学研究所助教。東北大学教育学部卒。同大学大学院教育学研究科修了。博士（教育学）。小児の脳形態、脳機能データと、認知発達データから、子どもの認知機能の発達を明らかにする研究を行っている。

榊　浩平〈さかき・こうへい〉

東北大学大学院医学系研究科博士課程在学中、日本学術振興会特別研究員(DC2)。東北大学理学部卒。同大学大学院医学系研究科修士課程修了。認知機能、対人関係能力、精神衛生を向上させる脳科学的な教育法の開発を目指した研究を行っている。

最新《さいしん》脳科学《のうかがく》でついに出《で》た結論《けつろん》

「本《ほん》の読《よ》み方《かた》」で学力《がくりょく》は決《き》まる

青春新書 INTELLIGENCE

2018年9月15日　第1刷

監修者　川《かわ》島《しま》隆《りゅう》太《た》

著者　松《まつ》﨑《ざき》泰《ゆたか》

榊《さかき》浩《こう》平《へい》

発行者　小澤源太郎

責任編集　株式会社プライム涌光

電話　編集部　03(3203)2850

発行所　東京都新宿区若松町12番1号　〒162-0056　株式会社青春出版社

電話　営業部　03(3207)1916　振替番号　00190-7-98602

印刷・中央精版印刷　製本・ナショナル製本

ISBN978-4-413-04551-3